# NOTES

SUR

# L'ÉGYPTE ET LA TUNISIE

PAR

BARON HENRY HANLY.

CONSTANTINOPLE.

IMPRIMERIE "LEVANT TIMES."

1876.

# NOTES

SUR

# L'ÉGYPTE ET LA TUNISIE

PAR

BARON HENRY HANLY.

CONSTANTINOPLE.

IMPRIMERIE "LEVANT TIMES."

1876.



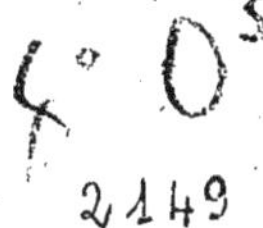

# AU LECTEUR.

C'est sur les instances de plusieurs amis que je publie en brochure les notes sur l'Egypte et la Tunisie. Ces notes sont le développement d'une conférence que j'ai donnée au mois d'Avril dernier au *British Literary and Mechanics' Association* et elles ont été publiées dans le journal *Stamboul*. Comme je l'ai déjà expliqué à cette occasion, on a tant écrit sur l'Egypte, surtout à la suite du dernier coup mystérieux de M. Disraéli, et sur les antiquités de l'ancienne Egypte, que j'ai dû me borner à faire ressortir certaines idées que j'ai pensé être inédites.

Pour ce qui est de la Tunisie, si je me suis étendu davantage sur ce pays, c'est qu'il n'est pas aussi connu que l'Egypte.

B. H. H.

Constantinople, le 30 Juin 1876.

# NOTES

# SUR L'ÉGYPTE ET LA TUNISIE.

## CHAPITRE I.

### L'ENTRÉE A ALEXANDRIE. — LA VILLE, LES AMUSEMENTS, LE CLIMAT.

Le navire sur lequel je fis la traversée jusqu'à Alexandrie (un vapeur égyptien très-confortable d'ailleurs, et bien commandé, circonstances que j'ai déjà notées dans d'autres voyages à bord des mêmes bateaux), arriva dans la rade du port précité un peu trop tard pour être admis dans le port le soir même, de sorte que nous n'y entrions que le lendemain, pendant que le brouillard régnait encore.

Un officier américain, installé près de moi sur la passerelle, me disait, pendant que le navire traversait le brise-lames, qu'il était très désappointé de la largeur et de l'apparence générale du port. Le port, en effet, paraissait petit et on n'y voyait aucun navire. L'Américain s'indignait contre les assertions des écrivains qui représentaient ce port comme une œuvre gigantesque. Je lui dis qu'il formulait trop prématurément son opinion ; et bientôt après, je me réjouis fort en entendant une exclamation de surprise poussée par l'Américain, lorsque toute une forêt de mâts émergea du brouillard. Au fur et à mesure que le bateau avançait, et que l'immense étendue du port se développait, mon compagnon de voyage n'avoua pas seulement que la réalité dépassait ce qu'il avait cru, mais qu'il avait encore devant les yeux le plus beau port qu'il eût jamais vu.

Lorsque nous parvînmes au mouillage et que nous vîmes le dock flottant, les quais et les usines, bref, tous les aménagements commodes créés par l'art moderne pour le commerce, la satisfaction de notre officier parvint à son comble.

La plupart des rues d'Alexandrie sont droites, larges et bien pavées, et les maisons sont d'une construction uniforme et régulière, et hautes de quatre ou cinq étages. Beaucoup d'entr'elles sont des édifices somptueux et dignes de n'importe quelle capitale du monde. Toute personne allant directement de Constantinople à Alexandrie dirait, à coup sûr, que les habitants de cette dernière ville jouissent d'avantages à convoiter. Ils n'ont pas à se fatiguer pour grimper des collines, ils n'ont pas à être constamment sur le qui-vive pour ne pas être assommés par des hammals qui, épuisés sous le poids d'énormes charges, ne peuvent articuler leur avis peu cérémonieux de *guarda* ! Ils n'ont pas non plus à accorder une attention soigneuse à la conformation du pavage des rues pour éviter de patauger dans une mare ou de se heurter à quelque moëllon. La ville étant plate, permet l'usage des camions pour le transport des marchandises, et les rues étant larges, sont pourvues de trottoirs unis où les piétons peuvent flâner à leur aise. Le centre des affaires est la place Mehmet-Ali qui doit son nom à une belle statue équestre en bronze du grand guerrier égyptien, et qui s'élève au milieu d'un vaste square. La musique militaire joue en été sur cette place. A un bout de ce square, qui forme un parallélogramme, se trouve la Bourse, digne de ce nom et où l'on peut lire tous les principaux journaux de l'Europe. L'aiguille de Cléopâtre qui a été offerte par le vice-roi au gouvernement anglais, gît toujours auprès de sa compagne, au bord de la mer ; c'est un monument non-seulement de la gloire antique, mais encore de la parcimonie anglaise. Ce qui excite la surprise générale c'est que le gouvernement anglais ait hésité si longtemps à dépenser les quelques milliers de livres nécessaires à transporter ce merveilleux monolithe en Angleterre, surtout parce qu'il est peu gracieux de traiter un cadeau avec une telle indifférence.

Les plaisirs d'Alexandrie ressemblent à ceux de Constantinople. Des cafés-concerts et un théâtre plus que médiocre. Cependant le jardin public est au-dessus de toute comparaison avec le jardin du Taxim, car il est sillonné d'avenues délicieuses, de poivriers aux feuilles duvetées, et resplendissant de plantes tropicales. A Alexandrie, comme dans d'autres villes de la même latitude, ou plus méridionales, les affaires sont interrompues entre midi et trois heures. Cet usage confortable prévaut même plus au Nord, jusqu'à Smyrne. Le climat d'Alexandrie serait considéré comme admirable par un anglais, mais les Cairotes déclarent qu'Alexandrie est trop humide, même en été.

Pendant que nous sommes dans le train, voyageant pour le Caire, disons quelques mots au sujet du climat. La plus grande diversité d'opinions partage les touristes sur cette question. Les uns m'ont dit avoir été maladifs tout le temps qu'ils sont restés ou Caire, et qu'ils jouissaient d'une meilleure santé et d'une meilleure humeur à Alexandrie, bien que là il eût plu pendant plusieurs jours continus. D'autres s'empressaient de quitter l'Egypte pour Malte, pendant qu'un nombre beaucoup plus considérable de ces "oiseaux de passage" arrivait de Malte. Ceci se passait pendant les mois de décembre et de janvier, lorsque Malte est humectée soit par la pluie ou par le vent *sirocco;* et Alexandrie est exposée à des pluies fréquentes et abondantes qui rendent les rues pitoyablement boueuses. Je suppose que cette différence extraordinaire d'opinions parmi les touristes à propos du climat de ces séjours favoris d'hiver, est causée par les différentes constitutions et les tempéraments de ceux qui les expriment, mais je ne doute pas que nombre de ces différences ne doive être rapporté aux inquiétudes des désœuvrés, qui, possédant les moyens de satisfaire leurs moindres caprices, et ne sachant pas exactement ce qui doit leur plaire, s'en lassent facilement.

J'ai aussi remarqué que beaucoup de ceux qui se plaignaient du climat faisaient très peu d'exercice; si ce n'est une promenade dans les bazars ou en voiture, mais ils se prenaient de leur mieux pour se donner une indigestion en ingurgitant consciencieusement de lourds déjeûners et en s'efforçant d'arriver jusqu'à la dernière bouchée de leur dîner, pour en avoir pour leurs vingt francs.

Je ne m'étonnai donc pas de voir qu'avec le thermomètre marquant la canicule, ces touristes n'étaient pas très-florissants. J'ai été trois fois en Egypte, et, à chaque fois je suis resté un ou deux mois au Caire et j'ai toujours été tellement satisfait du climat, que mon seul regret a été d'être obligé de m'en éloigner, et de retourner vers le Nord pendant les froids. La question du climat est à l'ordre du jour parmi les touristes de la Méditerranée, qui, à ce qu'il parait, sont à la recherche de quelque endroit merveilleux où un homme, avec la moitié d'un poumon, ne manquerait jamais d'haleine, ou bien où l'on pourrait manger et boire à l'excès avec impunité. Un voyage prolongé dans la Méditerranée est très énervant pour un homme d'activité. Le monde qu'il rencontre consiste en invalides riches ou en personnes qui s'imaginent qu'elles ne pourraient pas survivre à un hiver anglais, et encore un certain nombre de cadets de familles qui trouvent qu'il est moins dispendieux de voyager que de rester chez soi, ou qui s'éloignent de leurs foyers pour le double plaisir de changer d'air et de trouver un répit aux importunités de leurs créanciers. Quel que soit le motif de leur voyage, ce sont en général des fainéants qui ne donnent d'autre profit à leurs semblables que de payer souvent très cher tout ce qu'ils consomment. Entendre ces favoris de la fortune, racontant langoureusement leurs mouvements futurs et comment ils vont tuer le temps au Caire, pendant un grand mois—très ennuyeux—et comment ils vont aller au Sud de l'Italie, poursuivant toujours le soleil, jusqu'à leur arrivée en Angleterre, juste à point pour les courses d'Ascot, et après quelques semaines de séjour en Angleterre, repartir pour la Suisse et continuer leur voyage sur le continent, entendre, dis-je, ces rengaînes chaque jour, agace suffisamment les nerfs d'un homme qui sait que son sort est de retourner au travail quotidien et de le reprendre. Et j'ai connu des travailleurs qui sourcillaient, s'aperçevant que le précepte divin qui veut que "celui qui ne travaille pas ne mange pas," n'est pas considéré universellement. (Quant à moi, je regrette toujours lorsque je vois un richard travailler, car en agissant ainsi, il enlève de la bouche d'un nécessiteux son pain quotidien.) Quelques-uns des rendez-vous donnés à la table d'hôte sont amusants. Par exemple, une compagnie d'Américains avec lesquels j'ai voyagé en Egypte, se sont mis d'accord de la manière la plus naturelle, et sans la moindre affectation, de se rencontrer cet été à Philadelphie, bien qu'en attendant, quelques-uns allassent aux Indes, en Chine, au Japon, et d'autres visiter le continent et l'Angleterre. Ils se sont donné ce rendez-vous comme s'il s'était agi de se retrouver dans la rue d'à-côté.

## CHAPITRE II.

### LE FELLAH.

En quatre heures, par le train express, nous sommes au Caire. Le paysage, sur le chemin, ressemble aux *fens* de Lincolnshire ou aux plaines de la Touraine, si ce n'est que l'on aperçoit, par ci, par là, des palmiers et des villages arabes que Mark Twain a fort bien décrits comme ressemblant à un amas de ballots. Cependant, le fellah progresse en architecture domestique, du moins dans les alentours de la capitale, car par ci, par là, on aperçoit des maisons à deux étages avec des fenêtres vitrées qui émergent fièrement du milieu des huttes en boue. Cette circonstance est particulièrement satisfaisante, parce que le grand défaut du fellah est son indifférence pour le confort du foyer, d'après nos idées. J'ai été assuré au Caire par une autorité digne de foi, que S. A. Saïd pacha, le prédécesseur du vice-roi actuel, avait construit, dans le temps, des maisonnettes modèles et les donna à ses agriculteurs. Quelque temps après, S. A. les visita et il trouva que les agriculteurs les avaient abandonnées et gîtaient dans les huttes traditionnelles qu'ils avaient bâclées d'après leur goût inné. Avoir peu de besoins a été toujours considéré comme une vertu, mais le laboureur arabe—je fais allusion ici aux paysans tunisiens, aussi bien qu'aux fellahs égyptiens — poussent cette vertu à un tel excès, qu'elle devient un vice. Du pain grossier et des dattes constituent le menu ordinaire de ces gens; une longue chemise de coton bleu et une calotte en gros feutre est le costume immuable du fellah, tandis que l'agriculteur tunisien est toujours à la mode, avec son *burnous* en laine et un turban.

L'agriculteur arabe est industrieux et gagne beaucoup plus qu'il ne lui faudrait pour acquérir son nécessaire; mais il paraît ne pas avoir la moindre idée sur le mode d' emploi du surplus, d'une manière qui serait profitable et à lui et à la société, car il enterre invariablement ses épargnes, de sorte que ce que le fellah gagne est perdu pour la communauté en général, sans autre bénéfice pour lui-même que la mesquine satisfaction du savoir qu'il a tant de pièces d'or cachées dans tel ou tel endroit. En Egypte, l'inconvénient de cette propension du fellah a été, de temps immémorial, diminuée par la perception d'impôts directs, et sans doute, dans une époque antérieure, cette opération se faisait d'une manière assez arbitraire. La capacité des percepteurs était due non à leur zèle de satisfaire les demandes du gouvernement, mais à leur avidité de s'enrichir pour mener une vie oisive dans la capitale, oisiveté due à l'argent qu'ils avaient extorqué du paysan par l'application démésurée et impitoyable de la bastonnade. Il est très-probable qu'à cause des exactions arbitraires d'anciens gouverneurs d'Egypte, les paysans ont contracté l'habitude de vivre comme s'ils étaient dans la misère, et d'enterrer leur argent. Il est si difficile d'effacer le souvenir de ces traditions malheureuses, qu'aujourd'hui même le fellah possédant souvent un magot dans un terrain connu de lui seul, emprunte l'argent nécessaire pour acheter la semence, afin que, lorsqu'arrive le percepteur, le témoignage de son créancier vienne appuyer la déclaration du fellah de son impossibilité de payer les impôts.

L'habitude de mentir s'est ainsi transmise de père en fils, précisément comme la mode de leur costume. Elle est devenue héréditaire; en effet le fellah est ce que les américains appellent un "menteur naturel". On ne peut pas dire que c'est un être dégradé, quand nous n'avons rien qui nous prouve qu'il ait occupé un degré supérieur dans l'échelle sociale; mais il y a tout lieu d'améliorer son sort sans crainte de l'élever au-dessus de son humble condition. Notons toutefois qu'il y a fellahs et fellahs. Ce que je dis ici s'applique aux laboureurs et non pas aux fellahs qui ont presque rang de hauts fermiers d'Europe. Le vice-roi actuel a adopté le meilleur moyen d'améliorer la condition du fellah. S. A. a considérablement augmenté le nombre d'écoles dans les provinces, et la mère du Khédive a noblement secondé ses efforts en fondant un établissement scolaire pour les filles, où une éducation pratique est donnée aux enfants. La valeur de l'influence maternelle sur la jeunesse a été ainsi reconnue. Les nombreuses écoles pour les enfants des soldats, organisées depuis six ans par les officiers de l'état-major de S. A. le vice-roi, seront aussi des instruments efficaces pour civiliser les classes inférieures.

Il est bien entendu que les essais bienfaisants de ces institutions ne se manifesteront pas pleinement pendant quelques années, mais les anglais, sachant que leur pays a mis huit cents ans pour atteindre son état actuel de civilisation, ne se plaindront pas de la lenteur du progrès, tant que ce progrès est assuré. Toutefois, des touristes, soit par indolence ou manque d'opportunité, formulent des opinions superficielles, et j'en ai rencontré beaucoup qui sont aptes à conclure de l'apparence du fellah qu'il doit être fort misérable. Ils ne peuvent pas concevoir qu'un homme soit content de s'habiller uniquement d'une chemise de coton, s'il a les moyens d'avoir quelque chose de mieux. Ils étaient par conséquent étonnés d'entendre qu'il n'y avait pas des asiles pour les pauvres ni en Egypte ni en Turquie, et que des cas isolés de mort par inanition étaient inconnus. J'ai trouvé depuis qu'on peut dire la même chose de Tunis. Ce n'est que dans le cas d'une famine telle que nous avons eu le malheur de voir récemment, que ces pauvres gens sont exposés à mourir de faim. Il est bon de se rappeler de ce fait, pour que nous n'ayons pas une opinion exagerée, soit de la pauvreté morale ou matérielle de l'Orient, ou de la perfection de la civilisation occidentale.

## CHAPITRE III.

### LE CAIRE. — LES PYRAMIDES.

Pendant tout ce temps, nous sommes toujours en route pour le Caire. Aux gares principales nous remarquons des femmes tatouées de bleu sur les bras et sur la figure et portant sur leur tête des paniers d'œufs durs, d'oranges, de mandarines et de petits pains; nous voyons aussi des enfants portant des cruches d'eau du Nil s'approcher des wagons pour les vendre et pour demander un *bakchiche* de ceux qui ne veulent pas en acheter. Pendant le chemin, le voyageur remarque, toutefois sans surprise, après avoir vu le port d'Alexandrie, un long pont en fer sur lequel le train traverse le Nil. Ce qui étonne le voyageur c'est le merveilleux changement du climat. Peut-être il avait laissé Alexandrie inondée par les pluies : il arrive au Caire et se dorlote aux caresses d'un soleil qui promet d'être éternel. Pendant les deux mois que je restais au Caire (décembre et janvier), il n'a plu que trois fois et encore était-ce quelques légères averses qui auraient passé inaperçues en Angleterre.

Les Cairotes disent qu'il ne pleuvait jamais au Caire et que c'est le canal de Suez qui a fait changer le climat.

A proprement parler, il y a aujourd'hui trois Caires : ce qu'on appelle le Vieux Caire, qui est un désert sablonneux avec quelques ruines de mosquées; il y a encore une grande ville composée de rues étroites et tortueuses dont les maisons, pour la plupart, sont construites en briques séchées au soleil et qui fondraient par quelques jours de pluie; dans ce labyrinthe d'habitations, la nouvelle ville introduit ses larges boulevards, ses arcades, ses colonnades somptueuses et ses avenues d'acacias.

Partout où les nouvelles rues se bifurquent, se trouve un

jet d'eau entouré d'un petit jardin qui forme une oasis charmante dans la large croix de ces rues qui sont arrosées régulièrement, de sorte qu'il est toujours agréable de s'y promener en voiture. Le soir, en regardant du balcon du *New Hôtel*, un édifice imposant, on pourrait facilement s'imaginer être dans une grande capitale d'Europe. En face, on voit le jardin de l'*Esbékieh* pointillé de lampes, et on entend la musique militaire qui exécute fort bien les morceaux des plus récents opéras; à la droite du jardin se trouve l'édifice de l'Opéra, construction fort jolie devant laquelle un jet d'eau s'élance dans l'air. Des voitures roulent de tous côtés dans les larges rues droites qui sont brillamment dessinées par de nombreux becs de gaz. Le jardin de l'*Esbékieh* doit avoir un kilomètre de tour, mais les promenades de ce jardin sont arrangées de telle façon qu'on peut se promener sans s'apercevoir, comme au jardin du Taxim, que l'on se trouve dans une sphère étroite, de même qu'un cheval de moulin qui fait toujours le même tour. Au centre du jardin, se trouve un petit lac dans lequel tombe une cascade du haut d'une grotte artificielle surmontée d'une tour rustique. Par ci, par là, émergent des arbres de petits cafés ressemblant à des châlets suisses; les sons de la musique arabe arrivent à l'oreille, et nous arrivons à un kiosque mauresque où nous percevons les voix des chanteuses arabes. Elles sont, bien entendu, soigneusement cachées aux regards profanes par les jalousies traditionnelles. Plus loin se trouve un petit théâtre, puis un restaurant français où les cocodès du Caire se payent de jolis petits déjeûners et de fins soupers; nous voyons aussi la plate-forme brillamment illuminée où joue la musique. Enfin, dans chaque coin se trouve une pagode, un bosquet ou quelque jolie construction qui orne le jardin et lui donne une ampleur factice. Le jardin est suffisamment éclairé pour être une promenade agréable aux amants, mais dans les grandes occasions, telles que le Baïram, tout le lac reverbère le doux reflet de milliers de lampes coiffées de porcelaine blanche qui courent le long de ses bords comme un collier de perles. L'entrée du jardin est libre jusqu'à midi; passé cette heure on paye le prix de vingt paras par tête. Les nouveaux pâtés de boutiques qui entourent l'*Esbékieh* rivalisent avec tout ce que j'ai vu en Europe. Celles qui sont situées vis-à-vis l'hôtel Sheppeard sont entourées d'une colonnade en marbre. A côté de là se trouve une arcade dont les arceaux sont richement fouillés d'arabesques, et derrière, une arcade construite par le duc de Sutherland, offre à la vue le style Renaissance. Tout autour de l'*Esbékieh* et s'étendant jusqu'au quartier arabe d'un côté, et sur les bords du Nil de l'autre, à une distance d'une demi-heure, se trouvent de magnifiques arcades, des villas avec des avenues offrant aux piétons une ombre bienfaisante. Partout de nouvelles routes ont été construites ou sont en voie de construction. Il y a deux ans, pour aller de l'*Esbékieh* à la citadelle, on devait passer par un labyrinthe de ruelles qui présentaient des dangers pour une voiture. Aujourd'hui les deux places sont reliées par une route droite comme une flèche. C'est une erreur de supposer que ces améliorations municipales n'ont été accomplies qu'au prix d'un très grand sacrifice pour le trésor public. Plusieurs propriétaires au Caire m'ont donné le mot de ce *modus operandi*, d'où il ressort que le gouvernement aurait plutôt gagné par la transaction. La terre appartenait au gouvernement ou était achetée à bas prix, les maisons étant toutes de pauvre condition. Alors le gouvernement offrait des lots des terrains à ceux qui s'engageaient à y construire des maisons d'une certaine valeur. De cette façon, les nouveaux quartiers d'*Ismaïlia* et d'*Esbékieh* se sont élevés, mais, ajoutèrent ces mêmes propriétaires, nous payons annuellement une taxe qui égale le montant que le gouvernement avait payé pour l'acquisition du terrain. Toutefois, personne ne se plaint, parce que la taxe est minime et les propriétaires auraient à payer la taxe, même s'ils avaient acheté le terrain au lieu de le recevoir à titre de cadeau. Il faut cependant se rappeler que le gouvernement a donné le terrain pour les rues et en a supporté les frais de construction. J'ai trouvé qu'il y avait un avantage réciproque tant pour le gouvernement que pour les propriétaires.

Au bout d'une avenue, derrière l'hôtel, on aperçoit une cheminée *pyramidale*. Là se trouvent les machines hydrauliques de la Société des Eaux. Une provision abondante d'eau et des routes bien illuminées; voilà un luxe qui serait fortement apprécié à Constantinople.

En visitant le Caire pour la première fois, la première excursion que fait une dame tend presque invariablement aux bazars. On dit que les anglais, en se réveillant le matin, se demandent tout d'abord ce qu'ils doivent tuer. On pourrait dire pour les dames, que leur première pensée en s'eveillant, se porte sur ce qu'elles doivent acheter ce jour-là. Comme vous avez presque tous vu les bazars de Constantinople, pas n'est besoin de décrire ceux du Caire; disons cependant qu'ils ne présentent pas un aspect si imposant, et au lieu de se trouver sous des arcades, ils sont dans de ruelles dont quelques-unes sont si étroites qu'un baudet aurait peine à les traverser. Je ne parle pas, pour la même raison, des derviches et des mosquées. Pour ce qui est des ruines de l'Egypte antique, près du Caire, les plus notables entre elles, les Pyramides de Ghizeh et les tombeaux des taureaux sacrés à Sakara trouvent leur valeur principale en ce qu'elles témoignent des progrès réels fait par l'homme; car, bien que la construction de la pyramide de Chéops soit une merveille de mécanique, elle est, par contre, inutile.

Les pyramides sont une conception enfantine, mais aussi une exécution gigantesque. Personne aujourd'hui ne se soucierait de se rendre coupable d'un pareil gaspillage de forces. Sur le chemin des Pyramides, on passe sur un magnifique spécimen de l'art mécanique français, un long pont en fer qui traverse le Nil. Je n'ai jamais entendu les touristes s'extasier à la vue de ce pont, bien qu'il manifeste l'art et la science humaine à sa plus haute perfection; mais j'ai entendu des touristes se pâmer d'admiration devant les Pyramides, bien qu'elles ne fussent que les plus grands tas de pierre qui aient jamais été vus. Je pense que si jamais Chéops revenait à la vie, ce serait le pont, plutôt que sa Pyramide, qui captiverait son admiration.

## CHAPITRE IV.

### DU PRÉTENDU FANATISME.

Des européens sont imbus d'un préjugé commun, que les Arabes sont fanatiques, et quelques-uns de mes amis, au Caire, ont cru nécessaire de se faire accompagner d'un cavass de leur consulat pour les préserver des dangers possibles. Je n'ai jamais vu le moindre signe de fanatisme au Caire, ni jamais ouï dire que personne ait éprouvé le moindre désagrément provenant du fanatisme. Au contraire, les Egyptiens de toute classe sont pleins de courtoisie et de procédés amicaux, et pour ce qui est de la sécurité personnelle, le Caire est la capitale le plus favorisée au monde sous ce rapport. Lors de ma première visite au Caire, j'ai fait plusieurs excursions à âne dans les quartiers arabes pendant la nuit,pour entendre les improvisateurs. Je ne portais aucune arme et je n'étais accompagné que de mon ânier. Nous passâmes par des ruelles où régnaient les véritables ténèbres égyptiennes, et après une demi-heure de course, nous arrivâmes dans une espèce de cour, où sous une tente étaient accroupis une centaine d'Arabes, qui écoutaient un improvisateur, en fumant leur pipe. Ils me firent asseoir, prendre du café et enfin ils m'entourèrent de prévenances. Mais un exemple plus frappant de l'urbanité arabe s'offrit à moi, il y a deux ans, lors du départ de la caravane pour la Mecque, avec les cadeaux habituels destinés à la Ville Sainte. Les idées les plus alarmantes dominèrent parmi les touristes au sujet du danger auquel un européen s'exposerait en assistant à cette procession et j'avais quelque difficulté à les persuader qu'il n'y avait pas nécessité d'endosser le costume indigène. Cependant ils ne voulaient aller qu'en voiture et lorsqu'ils me virent partir habillé comme toujours, y compris le chapeau à haute forme et huché sur un baudet, ils me considérèrent comme étant aussi gratuitement téméraire que celui qui s'aventurerait à moucher un taureau en rage au moyen d'un foulard rouge.

Les rues regorgeaient de monde ; mon baudet poursuivit

son chemin d'une façon aimable mais continue, et en peu de temps nous arrivâmes devant la place de la Cidatelle, laissant les voitures derrière nous, bloquées par des masses humaines compactes. Arrivé là, j'avais à traverser une place aussi large que la place Vendôme ou la place Charing-Cross, et aussi remplie de monde que ces places lors des fêtes solennelles. J'avais honte d'essayer de forcer un passage à travers une multitude si dense, mais mon ânier qui, à ce qu'il paraît, me jugeait mieux que moi-même, et qui ne se gênait pas non plus d'incommoder ses compatriotes, insistait pour que j'avançasse.

Le baudet semblait se conformer à l'opinion de son maître, parce que, de son propre chef, il tendait son cou et l'enfonçait dans la foule qui cédait autant que possible, sans formuler le moindre reproche, bien que je fusse le seul européen en vue. Au bout de quelques minutes, nous gagnâmes l'espace réservé à tenir la foule à distance respectueuse du kiosque des princes. Ici encore je voulais m'arrêter, ne me souciant pas de faire au Caire ce que j'aurai hésité à faire à Londres, mais mon ânier avait déjà pratiqué un passage au milieu des troupes qui gardaient cette place et je me trouvai parcourant l'espace dans la direction du dais vice-royal. La caravane venait de partir lorsque j'arrivai de l'autre coté de l'enclos. La foule se serra autour de nous et je me vis forcé d'entrer dans la procession, à coté des musulmans dévots, jouant du flageolet ; c'est alors que j'ai pû craindre que ma présence souléverait des observations, et cela non sans raison. Mais apparemment on ne se souciait pas de moi, malgré mon habit noir et mon tuyau de poële qui me firent singulièrement distinguer au milieu de ces arabes enturbannés.

Cependant, jo saisis la première occasion de me débarrasser de ma position équivoque, afin de pouvoir voir défiler la profession. Ce qui me parut le plus remarquable, c'était le chef de la procéssion, un gros homme dont les formes et l'expression rappelaient l'allégorie de Bacchus, et qui avait l'air de se trouver dans cette heureuse condition d'esprit qui aurait été due à l'indulgence des propensions de ce dieu. Mais on m'a expliqué que c'était à la

ferveur religieuse qu'il était redevable de cette espèce de frénésie. Ce saint se balançait de côté et d'autre sur son chameau, à tel point que je m'attendais à chaque instant à le voir tomber. La procession se composait d'un grand nombre de chameaux ornés de plumes de couleur et de glands, de grains de chapelets, de sonnettes, de coquillages, etc., etc. Avec une file de dix à douze chameaux alternait un cortège de prêtres, de musiciens jouant du flageolet, du tambour et d'autres instruments de la musique la plus primitive.

Le chameau qui portait les cadeaux vice-royaux était une magnifique bête, richement caparaçonnée d'une étoffe de velours somptueusement brodée d'or. J'accompagnai la procession jusqu'à la lisière du désert où elle campa pour cette nuit. Chemin faisant, le nombre s'augmenta de troupes de chameaux arrivant de tous les côtés de la capitale. Les collines, ou comme Murray dit, les tas de débris, de chaque côté de la route, étaient couvertes de tas d'arabes, mais aucun européen n'était visible. Lorsque nous arrivâmes au campement, la procession fut reçue par un corps de bédouins montés sur des coursiers arabes et armés de lances et de ces fameux fusils longs qu'on ne peut jamais regarder sans se demander si on pourrait en tirer sans se faire du mal. Pendant que le camp se formait, j'étais placé entre deux de ces pittoresques guerriers et à quelques pas de distance du grand chameau revêtu de velours et d'or.

En attendant, les bédouins exécutaient des *fantasias* à cheval, aux yeux d'une foule pleine d'admiration. La poussière était tellement épaisse que je ne pouvais guère comprendre la beauté de la plupart des évolutions, mais un incident suffit pour me prouver et l'habileté de l'homme et l'agilité du cheval. Un bédouin arrivait au galop de son cheval, la lance en arrêt sur la poitrine d'un prêtre richement vêtu de soie coloriée, pourpre et verte. La lance était distante d'un mètre de ce personnage qui sourit malgré lui d'un rire jaune, lorsque le bédouin, riant à gorge déployée, fait pivoter son cheval aussi facilement que s'il n'avait pas d'élan et se lance vers une autre direction pour effrayer quelque autre personne. Au milieu de

tous ces exercices, non-seulement je ne fus pas molesté, mais je ne fus même pas, paraît-il, un sujet de curiosité. Les seules personnes qui daignaient me considérer, c'étaient quelques gamins qui pensèrent qu'il y avait quelque probabilité de m'extorquer des *bakchiches* et qui après cela, se moquèrent de moi, lorsqu'ils me virent couvrir mon chapeau d'un *couffé* (châle en soie) pour me protéger contre les rayons du soleil. Alors ils me redemandèrent du *bakchiche*, comme si l'intérêt qu'ils m'avaient manifesté était une faveur particulière.

J'ai insisté sur ces détails parceque je pense que cela vous fera abandonner l'erreur commune que les égyptiens sont fanatiques, c'est-à-dire intolérants pour les non-musulmans.

Je ne prétends pas dire que si le peuple n'était pas tenu en bride, il ne commettrait pas des actes d'intolérance ; je constate seulement le fait qu'il ne les commet pas ; mais je dois ajouter qu'il est très probable que cette tolérance provient de ce que le peuple sait que son souverain est en communication amicale et constante avec les étrangers qui l'entourent et qu'il a une appréhension que le Khédive ne permettrait pas sans impunité des démonstrations fanatiques. Un nouveau témoignage de l'absence de fanatisme au Caire se trouve dans le fait que les mosquées, les collèges et les bibliothèques sont ouverts au public sans qu'il soit besoin de payer une taxe prohibitive, ou de se munir d'un ordre du gouvernement. Un ordre imprimé du consulat suffit pour avoir l'accès de tous les établissements publics du Caire.

## CHAPITRE V.

LES AMUSEMENTS.— LES ÉCOLES MILITAIRES. — LES SOLDATS ÉGYPTIENS, LES OFFICIERS AMÉRICAINS.—LES FINANCES.

Le soir, de même que pendant la journée, les amusements ne manquent pas au Caire. L'opéra italien et le théâtre

français donnent tour à tour des représentations. On n'y voit pas de grandes étoiles, mais les artistes sont tous bons et la mise en scène est aussi somptueuse que dans n'importe quel théâtre européen. Le théâtre français est très-confortable, toutes les places étant revêtues de coussins de velours, et les artistes sont invariablement au-dessus du moyen. Il y a un grand nombre de cafés-concerts semblables à ceux de Paris, et dans le voisinage de ces cafés trône toujours la roulette. Je sus qu'un monsieur qui se trouvait chaque jour à côté de moi à la table d'hôte était propriétaire d'une roulette aristocratique ; il m'engagea à plusieurs reprises d'aller visiter ses salons et quand j'objectai que je ne jouai pas, il me surprit en disant très-franchement : Moins vous jouerez, plus vous aurez d'argent dans la poche.

Encouragé par cet aveu candide, je visitai son établissement. Là je trouvai une suite de salons richement meublés ; dans l'un de ces salons un excellent souper froid était servi; dans un autre se trouvaient des journaux nouvellement arrivés ; puis venait un salon pour les cartes et une très-grande roulette. Sur cette roulette se trouvaient des cigares dont les joueurs usaient gratuitement. Des rafraîchissements, y compris le souper et le champagne, étaient aussi offerts sans rétribution. Cela, me suis-je laissé dire, est le genre américain. Il y a encore un autre établissement de cette sorte. Le propriétaire m'a fait remarquer qu'il ne pouvait pas, bien entendu, fournir de gaz ou des domestiques et des rafraîchissements *à l'œil*, et il m'expliqua que les numéros sur la table étaient disposés de la sorte que si la chance est égale, la banque est sûre de gagner 3 % sur le montant des mises ; sur d'autres tables il me dit que la différence, en faveur du propriétaire, est plus grande. Je me suis renseigné, et j'ai trouvé que dans toutes ces salles de jeu, des personnes sont employées à raison de trois francs l'heure pour faire semblant de jouer. Il paraît que le véritable joueur aime à être dévalisé en compagnie, bien qu'il puisse avoir de forts soupçons que son compagnon en malechance n'est que le complice du propriétaire.

J'ai déjà fait allusion aux écoles militaires. Par la courtoisie du général Stone, commandant en chef de l'état-major qui a eu la bonté de me faire voir comment est installé le département de la guerre, j'ai eu l'occasion de constater les bons résultats que ces écoles ont déjà donnés. Dans la salle de dessin, j'ai trouvé de jeunes officiers arabes qui complétaient de nouvelles cartes de l'Egypte en rectifiant les vieilles, à la suite d'études faites par des officiers américains. La qualité des dessins de ces nouvelles cartes n'est guère inférieure à ce qu'on trouverait chez Cortambert à Paris ou chez Stanford à Londres. Le département de la guerre est pourvu d'une imprimerie et d'une lithographie très complètes, comprenant des caractères européens, arabes, et des ateliers pour la stéréotypie et la reliure. On m'a montré des échantillons d'imprimés exécutés par ce département, et je les ai trouvés aussi bien faits que ceux qu'on pourrait faire en Europe. Un spécimen portait sept couleurs. Chaque division de l'armée possède une école pour les enfants de troupe qui y sont admis entre l'âge de 6 à 19 ans. L'instruction n'est pas obligatoire, mais, néanmoins, soit que cela provienne d'un sentiment d'obligation morale, ou d'un désir sincère que leurs enfants soient instruits, toujours est-il que les soldats de la garde de la citadelle ont 800 enfants à l'école militaire. Chaque bataillon est pourvu d'une école pour les simples soldats qui ne sont pas susceptibles de promotion au rang de caporal, sans savoir lire et écrire. Beaucoup d'officiers savent bien parler l'anglais ou le français. J'en acquis la preuve certaine en les entendant parler. Ces écoles ont des professeurs de français, d'allemand et d'anglais. D'abord les enfants apprennent leur propre langue, et ceux qui s'en acquittent bien, sont instruits dans les langues étrangères. Leur éducation première comprend aussi les mathématiques et le dessin.

Il existe aussi à la citadelle une grande école pour les officiers non-commissionnés. Une académie capable de contenir 600 pensionnaires est actuellement en cours de construction dans le quartier d'Ismaïlia. Rien de tout cela n'existait avant la nomination des officiers américains. L'état-major lui-même n'existait pas.

J'avais maintes occasions de voir les soldats égyptiens

s'exercer. Un grand nombre, je dirai même un régiment, est toujours campé devant le palais d'Abdin. Les soldats égyptiens sont très soignés et manœuvrent assez adroitement. Je n'ai jamais vu de soldat égyptien râpé. Ils sont d'une taille athlétique, endurcis au métier et ils ont tout récemment justifié l'opinion favorable entretenue à leur égard par leur conduite en Abyssinie où, combattant un contre trois dans un pays qui présente des difficultés effrayantes, ils ont remporté la victoire.

Il n'y a que six ans que le vice-roi a engagé à son service des officiers américains ; il y a aujourd'hui vingt-deux américains dans l'armée égyptienne. Plusieurs d'entr'eux sont employés à faire des études dans l'Afrique centrale et ils ont déjà fait plusieurs relèvements importants dans ces régions peu connues. Ces officiers sont accompagnés de métallurgistes et de botanistes dont les rapports offriront sans doute beaucoup d'intérêt et une grande valeur. C'était une heureuse idée de la part du vice-roi d'employer des officiers américains, car à l'issue de la guerre de sécession aux Etats-Unis, S. A. avait le choix des vétérans renommés et en même temps Elle évitait aussi d'exciter la jalousie des puissances européennes.

Les soldats égyptiens qui ne sont pas occupés de manœuvres et d'exercices sont employés à des travaux industriels appliqués à l'armée. J'ai visité les grandes usines accollées à l'immense caserne de Kasr-ul-Nil (au Caire) où j'ai trouvé plus de deux mille soldats qui travaillaient à la confection de selleries, de fez, de tentes, d'habits, de bottes, de tout enfin dont l'armée a besoin, jusqu'aux moindres détails en se servant de toutes sortes de machines. Parmi les travailleurs se trouvaient plusieurs nègres libérés par le vice-roi. Il y avait en outre quelques ouvriers non-militaires. Les soldats ainsi occupés reçoivent naturellement des salaires. Le travail produit par ces soldats-ouvriers est tout ce qu'on pourrait voir de plus solide. Je suis reconnaissant à S. Exc. Riaz pacha, ministre de la Justice, de m'avoir conduit visiter toutes ces fabriques intéressantes.

Je n'ai pas besoin de vous fatiguer par des détails sur les finances de l'Egypte. Ce sujet a été presque épuisé par le rapport de M. Cave. Ce rapport, dans son ensemble, est favorable, car il démontre que le vice-roi n'a qu'à s'affranchir des mains des usuriers qui l'ont entouré pour être sûr d'un surplus annuel. On ne peut pas désespérer d'un pays dont l'exportation est deux fois plus considérable que l'importation—un fait qui est non-seulement exceptionnel mais encore merveilleux. Si l'on se demande (ce qui est fort naturel) comment un si riche pays peut se trouver dans des embarras pécuniaires, il faut se rappeler qu'on a fait en peu d'années, au prix de grands sacrifices, des travaux prodigieux d'utilité qui porteront leurs fruits dans l'avenir, par exemple l'immense port d'Alexandrie si nécessaire au commerce et qui a coûté 100 millions de francs.

Une remarquable circonstance, par rapport à ces embarras, explique un peu les difficultés pécuniaires.

Pendant la guerre de sécession des États-Unis, les fellahs d'Egypte, excités par l'avarice en vue des énormes bénéfices réalisés par le coton, dévièrent de la route traditionnelle de n'ensemencer de cette plante textile qu'un tiers des terres; ils augmentèrent cette culture jusque de moitié et fatiguèrent la terre; et comme si la nature avait voulu se révolter contre cette avidité imprudente, un insecte, véritable fléau, vint détruire les récoltes de coton. Ce fut une calamité dont on ne saurait tenir responsable le gouvernement.

## CHAPITRE VI.

### LE KHÉDIVE ET SON GOUVERNEMENT.

Pour clore cette conférence, dans laquelle je n'ai pas prétendu toucher à tout ce qui regarde l'Egypte, mais seulement à certaines choses qui sont peut-être inédites, je parlerai brièvement du gouvernement de l'Egypte lui-même. Le Khédive est si bien connu des européens, au moins de réputation, qu'il serait oiseux de m'étendre sur son compte. Si on voudrait donner une description succincte de Son

Altesse on dirait de lui que c'est un parfait *gentleman*, mais ce qui m'a frappé comme qualité distinctive, c'est sa grande mémoire. J'ai eu l'occasion de voir S. A. à plusieurs reprises, dans des circonstances telles que dans un grand bal officiel, où Elle a adressé la parole à chacun des assistants qui se chiffraient par centaines, et se rappellant non-seulement leurs noms respectifs mais encore trouvant quelque chose de personnel à dire à chacun d'eux. Cette faculté est de la plus grande valeur chez un souverain qui dirige lui-même les affaires de son pays. Le vice-roi est le plus grand travailleur dont j'aie entendu parler. Depuis huit heures du matin jusqu'à minuit, S. A. s'occupe d'affaires, sa seule récréation étant une promenade en voiture, et même cela sert aux intérêts du gouvernement, attendu que S.A.,se promenant en voiture découverte et saluant gracieusement tout le monde, entretient de cette façon sa popularité dans le public. Il est à ma connaissance que les médecins de Son Altesse lui ont conseillé de travailler moins et que si Elle ne se conformait pas à cette recommandation, Elle pourrait arriver à des conséquences funestes; à quoi le vice-roi répondit qu'il ne cesserait jamais de travailler au bien-être de son pays.

Je n'entends pas dire par ceci qu'il n'existe pas au palais d'Abdin la répartition du travail; au contraire, l'organisation en est très-bien réglée; mais rien ne se fait à l'insu du vice-roi, qui s'informe directement des moindres détails.

Le gouvernement de l'Egypte est un gouvernement personnel et paternel. Un exemple mémorable des prévenances du Khédive pour le salut de son peuple a été fourni, il y a un an, lorsque les eaux du Nil menacèrent d'inonder les terres. A cette époque, on sait que Son Altesse dirigeait elle-même, nuit et jour, les travaux d'endiguement, supportant des fatigues énormes. Un égyptien qui était présent à ces travaux m'en a donné la description. Il m'a dit que tout le long des digues, aux bords du Nil, étaient placés des gardiens à quelques pas les uns des autres, non seulement pour exhausser les digues en vue de la crue, mais aussi pour appréhender les mécréants de fellahs qui, voulant donner un débouché aux eaux afin de ne pas voir céder la digue faite de leur côté,nageaient de l'autre côté,et essayaient avec un bâton de faire crever les digues sur d'autres points. L'anxiété était par conséquent à son comble.

Le vice-roi diffère des autres souverains en ce sens qu'il fait école. Il a aussi le grand avantage d'avoir une nombreuse famille de princes qui sont ses élèves. Actuellement, deux de ses fils, le prince Mehemed Tewfik et le prince Husseïn, occupent des postes de ministres, non pas comme titulaires, mais comme de vrais travailleurs. Tout le monde sait que le prince Hassan a obtenu les plus hauts grades de l'Université d'Oxford et actuellement il se distingue comme militaire. Le prince Ibrahim reçoit aussi une éducation libérale. Je ne parle pas des autres, car ils sont encore trop jeunes et ne sont pas en évidence. C'est aussi un fait remarquable que les changements ministériels sont très-rares ; on voit aujourd'hui à la tête des différents ministères les mêmes hommes qu'on y a vus depuis quinze ans, preuve de leur capacité, de leur loyauté et de la constance de leur auguste maître.

Le progrès moral et matériel qu'on remarque au Caire est un témoignage merveilleux de ce que peut opérer la volonté d'un autocrate qui a à cœur le bien-être de son pays. Toutes les améliorations qui ont été introduites dans le pays — l'extension des chemins, soit dans la Basse ou la Haute-Egypte ; la construction de nouvelles villes, l'établissement d'écoles, la création d'une bibliothèque, les réformes judiciaires, l'organisation de l'armée, la création du canal d'eau douce et l'extension des travaux d'irrigation, les réservoirs d'eau, l'usine du gaz, de nouveaux ports, et enfin le canal de Suez, tout ce qui a été fait depuis le temps de Mehmet Ali a été effectué pendant le règne et à l'instigation du vice-roi actuel. On peut dire de lui, à propos du canal de Suez : "*Il a écrit son nom sur le sable, mais l'empreinte n'en sera pas effacée.*"

## CHAPITRE VII.

### TUNIS. — LA POLITIQUE.

Ayant fait une visite à Tunis cette année-ci, et ayant trouvé que la Carthage moderne est très peu visitée par les européens, je me propose de raconter ce que j'y ai vu et appris pendant un séjour de deux mois.

Cependant je réclame l'indulgence de ceux qui ont déjà connaissance de ce pays pendant que je donne quelques mots de préface pour l'information de ceux — assez nombreux à ce que je crois — qui n'y ont jamais prêté leur attention.

La Régence de Tunis est située sur la côte nord de l'Afrique, entre Alger et Tripoli, et son extrême limite au nord n'est qu'à 80 milles (96 kilomètres) de la Sicile. Son étendue est estimée, dans le dernier rapport du consul-général anglais, M. Wood — auquel j'emprunte certaines informations statistiques—à 42,000 milles carrés, soit à peu près 11,000,000 d'hectares.

L'importance politique de la Tunisie est due aux nombreux ports dont sa côte est accidentée, surtout au port de Bizerte qui, s'il se trouvait en la possession d'une puissance maritime, pourrait devenir une menace pour le commerce de la Méditerranée. Ceci est la clef de la politique tunisienne de toutes les puissances. L'Angleterre possédant Malte—qui n'est qu'à vingt-quatre heures loin de Tunis—n'a pas besoin du port de Bizerte pour protéger la route des Indes; mais elle se garderait bien de le laisser tomber entre les mains d'une autre puissance maritime. C'est sans doute pour empêcher cette éventualité qu'elle s'opposait aux prétentions du Bey à l'indépendance.

Ahmed Pacha, le prédécesseur du Bey actuel, fut encouragé par l'agent diplomatique de France à prendre les airs d'un souverain indépendant. Il se faisait désigner comme tel dans les actes publics et il suspendit le payement du tribut au gouvernement ottoman. Enfin, pour s'assurer l'appui des puissances européennes, le Bey visita l'Europe. En France, il fut reçu avec les honneurs qu'on n'accorde qu'aux souverains ; mais au grand chagrin du Pacha, il lui fut notifié qu'en Angleterre il ne pourrait être reçu que comme vassal de la Sublime Porte Ottomane. Le Bey retourna indigné dans son pays, et les relations entre Son Altesse et le Consul Anglais furent très-tendues jusqu'à la mort de Louis-Philippe ; à cette époque le Bey se trouva heureux de renouer de bonnes relations avec l'Angleterre.

Si le Bey avait réussi à détacher son pays de l'Empire ottoman, la Tunisie aurait été, selon toute probabilité, annexée par une des trois puissances intéressées. Actuellement, grâce au dernier *firman* obtenu par le premier ministre du Bey, le général Khéreddine, qui voyait clairement que l'insistance de l'habile diplomate qui représente l'Angleterre était dans l'intérêt de la Tunisie aussi bien que de la "perfide Albion" — grâce à ce firman, dis-je, aucune puissance ne peut mettre la main sur la Tunisie sans se créer un *casus belli* avec l'empire ottoman, et on sait que les puissances européennes sont loin de vouloir soulever la question d'Orient. En ce moment elles en ont assez. On voit bien aujourd'hui que les puissances occidentales reculent autant que jamais devant la question d'Orient, bien que la puissance musulmane ne soit plus comme jadis.

La Tunisie, formant partie intégrale de l'empire est protégée par cette force négative que possède la Turquie. Il n'est pas indiscret de dire que la Tunisie est convoitée par l'Italie. Des souvenirs historiques entrent pour quelque chose peut-être dans ces velléités d'annexion ; mais les hommes d'Etat d'Italie ne doivent pas oublier que les Romains, dont ils veulent égaler la gloire, loin de songer à faire profiter l'empire par la puissance de Carthage, exécutèrent impitoyablement le fameux décret du Sénat : *Delenda est Carthago.* Il est vrai que la ville fut reconstruite ; mais d'autres conquérants, les Vandales, la réduisirent en cendres. Elle renaissait encore une fois et pendant deux siècles elle jouissait du titre de la capitale de l'*Africa Propria* de l'empire romain ; mais, en l'année 693, elle fut encore détruite, cette fois-ci par les Turcs, pour ne plus se relever, car la ville de Tunis est située à dix milles de l'ancienne Carthage. Cette détermination de trois différents peuples que Carthage ne doit pas exister — c'est-à-dire ne doit pas exister comme une menace au commerce de la Méditerranée — devrait faire réfléchir les hommes d'Etat qui ont l'air de convoiter la Tunisie Si la Tunisie était annexée par une puissance européenne, ce serait pour devenir une station navale qui serait vue de mauvais œil par les puissances qui sont intéressées dans la Méditerranée, et il est certain que le temps pourrait venir où on entendra crier encore une fois dans un sénat ou dans un autre : *Il faut détruire Carthage.* La France, avant la guerre franco-allemande, et par conséquent avant l'obtention du dernier firman, jouait un rôle très-actif à Tunis. C'est elle qui s'opposait le plus énergiquement à ce que le Bey demandât ce firman qui fixait S. A. comme étant le vassal de la S. Porte.

La proximité de l'Algérie et de la Tunisie faisait voir que la France n'était pas tout-à-fait désintéressée en voulant détacher la Tunisie de l'Empire Ottoman. Ce fut un coup de maître de la part de M. Wood que de faire définir les relations entre la Sublime Porte et le Bey de Tunis. Les puissances occidentales qui ont été fâchées par ce fait doivent lui être reconnaissantes, car il les a sauvées des conséquences funestes où leur ambition les aurait infailliblement entraînées, comme l'histoire le démontre. Comme corollaire à ces résultats bienfaisants du firman, les forces du pays sont presque nulles. L'armée consiste en trois ou quatre mille hommes qu'on pourrait regarder comme la police de l'intérieur du pays, et bien qu'il y ait encore un ministre de la marine — pour sauver les apparences, je suppose — le gouvernement ne possède que deux petits vapeurs qui pourraient servir de yachts ou de remorqueurs.

L'institution, il y a cinq ans, de la commission financière qui administre certains revenus affectés par le Bey au payement de la Dette publique, donne au gouvernement Tunisien un intérêt tout spécial en ce moment-ci où les questions financières sont à l'ordre du jour.

Je traiterai cette question en détail, mais il convient de traiter d'abord le commencement, c'est-à-dire l'entrée dans la ville.

## CHAPITRE VIII.

### L'ENTRÉE A LA GOULETTE.

Le service régulier entre Malte et Tunis se fait par un petit bateau à vapeur anglais, le *Lancefield*, qui accomplit le voyage chaque dix jours, temps permettant; et bien que ce steamer ne soit qu'une espèce de remorqueur, il file avec une vitesse de 10 nœuds à l'heure, et si le temps est passablement favorable le voyage s'accomplit dans les 24 heures. Ce doit être le passage le plus cher de la Méditerranée, car le billet coûte 62 francs et demi ; mais on n'a pas d'autre alternative que d'aller par la voie de Naples ou de Marseille, ce qui ne serait guère une économie.

C'était au mois de janvier lorsque je visitai Tunis. Le *Lancefield* arrivait dans la rade de la Goulette vers deux heures de l'après-midi et les bateliers s'empressaient de nous accoster, mais l'embarcation de la quarantaine tardait à venir et les prudents bateliers attendaient religieusement jusqu'à ce que le navire eut pris libre pratique, avant de s'aventurer à bord. Ces bateliers se distinguent de tous ceux qui exercent la même profession dans le Levant. Ordinairement, le batelier vous demande un prix exorbitant que vous débattez jusqu'à ce que vous arriviez à un prix raisonnable ; il vous induit à accepter ses services vous disant avec un sourire bénévole que vous lui donnerez ce que vous voudrez — une espèce de flatterie qui réussit presque toujours avec les nouveaux venus—et ensuite il est presque certain que ce que vous offrez ne contente pas le batelier au sourire bénévole qui vous suit dans les rues et fait un coup de théâtre en jetant par terre l'argent que vous lui avez donné ; et tout cela parce que vous avez avoué votre ignorance en lui donnant deux fois plus qu'il ne s'attendait à recevoir. J'étais préparé à une querelle avec le batelier, et j'avais déjà décidé un prix raisonnable pour mon débarquement,—une distance de 20 minutes, — lorsqu'à ma grande surprise une dizaine de bateliers m'ont supplié de prendre place dans leurs embarcations au prix de 50 centimes, bagages compris. C'était à ne pas y croire. Mais voilà les bateliers qui se battent déjà pour mes bagages, et bientôt je me trouve avec un autre voyageur, je ne sais comment, voguant vers la terre dans une de ces embarcations à bon marché.

En route, mon compagnon et moi, émerveillés de la modeste prétention du batelier, nous nous décidons à lui donner un *bakchich* comparativement élevé. En attendant, je faisais connaissance avec le guide, — un maltais qui parlait l'anglais autant que le peut un édenté ignorant — et je compris, d'après ce qu'il me disait, qu'il était le meilleur guide de toute la Régence ; que si j'avais besoin de n'importe quelle chose, c'était à lui que je devais m'adresser et qu'il savait le nom de beaucoup d'officiers anglais que je ne connaissais point. Arrivés à terre, mon compagnon et moi donnâmes au batelier, d'abord le prix arrêté, et ensuite, comme récompense de son extrême modestie, une somme trois fois plus considérable. Il tendait toujours la main. Le guide nous dit que le batelier n'était point content. — Comment ! dîmes-nous, il n'a demandé que 50 centimes par tête et nous lui avons donné 2 francs ! Le batelier se moquait de nous de ce que nous avions supposé un instant qu'il dût se contenter de 50 centimes. C'était pour nous leurrer, avoua-t-il, que les bateliers demandaient si peu ; il fit alors appel à nos sentiments de justice. En un mot, c'était la vieille histoire de ceux qui louent des bateaux sans en fixer le prix au préalable. Mon compagnon — un autrichien — reprenait l'argent de la main du batelier qui avait continué à s'y tenir exposé comme pour nous faire honte, et lui donnait juste le prix qu'il nous avait demandé. Le batelier examina un instant sa main et s'en alla sans murmurer. Voilà un mystère psychologique que je n'ai pû approfondir.

La Goulette est à dix milles de Tunis. Le train était prêt et nous devions attendre trois heures, puisqu'il n'y avait pas de voitures. Ainsi, ayant déposé nos bagages dans une taverne qualifiée du nom d'hôtel, nous pouvions nous orienter. Mais il pleuvait. Ce n'était pas une pluie torrentielle comme on en voit souvent à Constantinople, mais une pluie fine qui tombe tranquillement comme si, étant sûre qu'elle arriverait tôt ou tard à mouiller tout le monde, elle n'avait pas besoin de se presser. Je suis habitué à la température de Londres. Le brouillard m'amuse et pendant une saison de pluies, on peut toujours passer le temps agréablement dans cette vaste métropole. Mais à la Goulette, par un temps pareil, il faut être du genre batracien pour exister sans ennui. Mais nous étions dans une ville qui, pour nous, était nouvelle, et il fallait nous promener ; du reste l'hôtel ne nous offrait aucune tentation pour y rester. Nous demandions où était le meilleur quartier de la ville. " Mais, c'est ici la place ", nous répond le guide avec surprise et indignation. C'était vrai ; nous aurions dû le deviner, car devant l'hôtel se trouve une fontaine qui, en été, doit être agréable sous tous les rapports ; mais avec ce temps, l'écoulement ce ses eaux augmentait la tristesse de la scène à un haut dégré. C'était par trop ironique de voir un jet d'eau dans la pluie. Ouvrant nos parapluies, nous sortîmes pour examiner la ville. Partout nous avons trouvé des rues boueuses, des maisons d'un ou deux étages, mal construites, délabrées et pauvres. C'est à peine si nous rencontrions une personne dans chaque rue, et alors c'était un pauvre Tunisien vêtu d'un sale bournous qui se présentait à la vue comme un sac ambulant. Je n'ai jamais rien vu de si triste. Cependant j'ai fait remarquer à mes compagnons que le climat était évidemment très doux, puisque nous voyions dans les jardins des petits pois et des fèves en fleur, et toute la végétation était très avancée. Tout de même nous nous faisions des vœux pour que la ville de Tunis soit moins sale et moins triste. La dame de l'hôtel nous disait naïvement : "Vous aurez de la boue à Tunis".—Comment madame, est-ce que, par exemple, nous n'avons pas de la boue ici à la Goulette ? Elle nous disait d'une façon très gaie qu'il fallait nous préparer à voir quelque chose de plus prononcé en fait de boue, dans la capitale. Désillusionnés sur le climat de cette partie de l'Afrique, nous allâmes, portant des figures lugubres, jusqu'au chemin de fer.

## CHAPITRE IX.

### TUNIS.—L'HÔTEL.—LA POPULATION.

Le toit des stations du chemin de fer à la Goulétte et à Tunis ressemble à la coque d'un monstrueux navire renversé, et auquel manquerait l'avant et l'arrière. Les wagons sont bien adaptés à un climat chaud. De chaque côté du wagon se trouve une plate-forme couverte sur laquelle le passager peut sortir et jouir de la fraîcheur et de la vue du paysage. Ni l'une ni l'autre de ces perspectives ne nous tentèrent. D'un côté, nous vîmes un lac mélancolique et de l'autre une plaine qui,enveloppée par la pluie,rivalisait de tristesse avec le lac.Il faisait déjà nuit lorsque le train s'arrêta à Tunis.Une douzaine de sacs ambulants émergèrent de l'obscurité au cri de : *ya Mohammed !* et, après quelques minutes de brouhaha, l'identité du Mohammed que notre guide demandait étant constatée,et notre bagage installé sur une petite charette—le seul véhicule de la station—nous pateaugeâmes dans l'obscurité vers l'hôtel, tout en avouant unanimement que la dame de l'hôtel de la Goulette n'exagérait pas lorsqu'elle nous donnait à entendre que la saleté de Tunis dépassait celle de la Goulette. Après une triste promenade de dix minutes, nous arrivâmes dans une rue étroite et ténébreuse; le guide s'arrêta devant une sombre maison. Notre désillusion fut complète lorsque nous comprîmes que c'était là l'hôtel. L'intérieur avait le même air froid et inhospitalier. D'abord on nous conduisit au premier étage où l'on nous montra des petites chambres glaciales, pavées de toiles vernies et mal meublées : ensuite nous fûmes reconduits en bas où l'on nous introduisit dans une chambre encore plus froide, illuminée par un bec de gaz et contenant un poële sans feu, une petite table en marbre, deux chaises en jonc, un divan et un piano, et on nous laissa là nous amuser avec des vieux journaux et de cartes géographiques, jusqu'à l'heure de dîner. Nous jurâmes tous de quitter l'hôtel le lendemain. Après dîner, nous fîmes des remontrances au propriétaire—un petit homme maigre et aussi glacial que son hôtel—et nous parvînmes à faire faire du feu et à allumer l'autre bec de gaz; mais la seule réponse que le propriétaire daigna faire à notre menace de quitter l'hôtel fut un sourire sardonique. Je n'ai pas compris la signification de ce sourire jusqu'au lendemain, quand j'ai su que cet hôtel était le seul habitable de la ville. Le jour suivant, en sortant dans la ville, je l'ai trouvée misérable au delà de toute expression. Les rues étaient si sales et le temps si pluvieux que je m'estimai heureux de retourner à l'hôtel, si peu confortable qu'il fût, et d'attendre là le retour du beau temps.

J'ai tenu à vous donner une idée précise de la triste apparence des villes de la Goulette et de Tunis pendant le mauvais temps, parce que cela explique comment un homme de bonne foi qui a vu ces villes dans ces mauvaises conditions pourrait s'en former des idées parfaitement erronées.

Quelques jours avant mon arrivée, un certain M. Julien Goldsmid avait passé quatre jours à Tunis, et avec cette courte expérience de la ville, il écrivit une lettre au *Times* qui excita l'indignation, non-seulement des Tunisiens mais des étrangers résidant à Tunis. La lettre m'a été remise par un consul-général qui était choqué de ce qu'un homme qui se respecte pouvait se permettre de formuler une opinion si radicale d'un gouvernement, après un séjour de quatre jours dans le pays, et sans être en relations avec ceux qui pourraient l'en instruire sur son véritable état. M. Goldsmid dit : "Bien entendu, les créanciers étrangers de Tunis sont satisfaits parce qu'ils sont payés, et tant qu'ils reçoivent le payement de leurs coupons régulièrement, ils seront contents, puisque cela, au point de vue d'un porteur de titres, est la seule preuve d'un bon gouvernement. Il se peut aussi que ce soit parfaitement vrai que le Bey est content, puisque son revenu n'est pas diminué. Mais la condition de la population est navrante. Je ne pense pas avoir jamais vu une population si misérable que les indigènes de Tunis, dont le nombre diminue constamment. La condition de l'armée est misérable au possible. Il y a des soldats sans souliers, et il n'a pas un qui porte des bas. Depuis trois ans, ils n'ont pas reçu de solde, et on m'a dit qu'il n'est pas du tout rare de voir non pas seulement de simples soldats, mais bien des officiers mendier dans les rues. Dans la partie montagneuse du pays, aucun impôt n'est perçu, non pas par manque de bonne volonté, mais par manque de pouvoir le faire ; et dans la plus grande partie du reste du pays, les pauvres habitants ne payent que lorsque un régiment ou plus sont envoyés pour leur faire peur. "

Or, si M. Goldsmid avait séjourné à Tunis comme moi, deux mois, et s'il avait vu le pays dans la belle saison ; s'il avait employé ce temps à obtenir des informations de sources compétentes et dignes de foi, il se serait formé des opinions tout-à-fait contraires à celles qu'il a exprimées dans sa lettre. La population avait l'air misérable à cause de la façon de ses vêtements et la tristesse du temps ; mais le burnous porté par les Tunisiens est le plus confortable habit que j'aie jamais vu ; et je puis ajouter consciencieusement que les Tunisiens, à l'exception des soldats, sont aussi bien habillés, sinon mieux — classe pour classe — que tout autre peuple que j'ai vu. Je n'ai jamais aperçu un Tunisien, si pauvre qu'il fût, qui ne fût suffisamment habillé, et je serais content si je pouvais dire autant pour la population de tout autre pays. Je n'ai pas vu l'armée; je n'ai vu que quelques gardes et je dois avouer qu'ils étaient bien râpés. Ils ne portent pas de bas, ce qui est assez remarquable, puisqu'ils s'amusent même, lorsqu'ils sont de garde, à tricoter des bas; mais tous portaient les pantoufles du pays. Je n'ai pas vu des soldats mendier et j'étais assuré par beaucoup d'habitants de toute nationalité qu'une telle chose était inconnue à Tunis. Ce que M. Goldsmid dit sur la perception de l'impôt est tout à fait controuvé, comme le rapport du consul-général anglais le démontre. Auparavant, pour perçevoir des impôts, il était nécessaire d'envoyer dans l'intérieur du pays une colonne de troupes sous le commandement de l'héritier du trône, qui s'appellait le Bey du Camp. La population, bien entendu, devait supporter les frais de cette expédition, et en toute probabilité, le Bey du Camp ne négligeait pas de garnir sa propre bourse tout en faisant de son mieux pour son gouvernement. L'année dernière, le peuple, de son propre chef, envoya au gouvernement la totalité des impôts, preuve de sa confiance dans le nouveau régime. Sans doute, les influences malfaisantes auxquelles j'ai fait allusion ont opéré sur l'esprit de M. Goldsmid et l'ont préparé à recevoir pour authentiques les plus sombres dires de commis-voyageurs mal-informés ; mais je pense qu'il était très irréfléchi de sa part, sinon inexcusable, de faire publier des dénonciations si générales lorsque ni le temps ni ses relations ne lui avaient permis de s'assurer de leur véracité.

Lorsque la pluie cessa, je profitai des offres de service du guide qui s'était recommandé si modestement pour me conduire à la maison d'un ami. Il m'assura qu'il connaissait parfaitement bien la maison, et là-dessus nous partîmes. Après que je l'eusse patiemment suivi à travers les rues boueuses pendant deux heures, et que j'eusse remarqué qu'il questionnait tout le monde, je reconnus que c'était un faux guide et je lui commandai de me reconduire à l'hôtel.

J'essayai d'un nouveau guide, un juif qui m'assura que le maltais ne savait rien du tout ; et que maintenant j'avais mis la main sur mon homme. Néanmoins il fit tout ce son confrère avait fait et je dus retourner à l'hôtel, dégoûté et des guides et de la ville. En fin de compte, je réussis à trouver tout de même mon ami dont la maison était à quelques minutes de l'hôtel. Mais il m'a fallu m'y faire conduire une douzaine de fois avant que je pusse trouver le chemin à moi seul, car la ville est un labyrinthe. Toutes les maisons se ressemblent; elles sont élevées d'un ou d'eux étages à toit plat, blanchies et percées de petites fenêtres carrées protégées par de lourdes grilles. D'intervalles à intervalles, la rue passe au-dessous des maisons qui la bordent, de sorte que quelques rues présentent l'apparence d'un tunnel avec un grand nombre d'ouvertures au cintre. La plupart des rues sont pavées de pierres de taille ; dans celle qui ne le sont pas la boue avait une profondeur de 30 ou 40 centimètres. Les rues, à l'exception de deux ou trois qui constituent le quartier européen, s'entortillent d'une manière si enchevêtrée et il s'y trouve tant de culs-de-sac qu'il est très facile de s'y perdre ; c'est ce qui est arrivé, en effet, la première fois que je me suis aventuré seul. J'avais remarqué certaines grilles vertes et des portes cloutées que je croyais pouvoir me servir de point de repère ; mais je trouvai que les grilles vertes étaient aussi communes que des petits pois et que presque chaque porte était cloutée.

Après avoir erré pendant deux heures sans avoir rencontré personne qui pût me comprendre, je fus assez heureux pour trouver une voiture. Je commandai au cocher de me conduire au consulat anglais, qui, à ma grande surprise, n'était qu'à quelques pas de là.

La clarté du soleil changea l'aspect de la ville comme par enchantement. Les rues séchèrent avec une rapidité merveilleuse, et la Marine (rue longue d'un kilomètre et trois fois plus large que celle du Taxim), qui est la promenade de Tunis, devint bientôt fréquentée.

Les costumes des indigènes aisés sont très-agréables à l'œil. Le laboureur porte seulement le *burnous*. Le paysage, hors de Tunis, n'a pas de caractère pittoresque ; la campagne est unie et plate et la vue est bornée par une rangée de montagnes. La monotonie de la scène n'est interrompue que par des haies de figuiers de Barbarie et des files de chameaux. Un américain me disait une fois qu'il ne nourrisait aucun espoir pour un pays ou le chameau et la figue de Barbarie sont authochtones. Comme toute généralité, celle-ci est au-delà de la vérité. La Tunisie est un pays agricole, très-fertile et ne manque que de bras pour la reporter à son ancienne gloire, ses richesses et sa prospérité. Les principaux articles d'exportation sont le blé, les dattes et l'huile d'olives. Les olives sont pressées au moyen de presses hydrauliques et autres.

Le climat de Tunis est remarquablement sain ; j'ai rencontré un gentleman qui hiverne à Tunis de préférence à l'Egypte et qui loue beaucoup les qualités du climat. Pour ce qui est du temps, on ne peut pas se plaindre s'il pleut pendant le mois de janvier.

La ville de Tunis est bâtie sur les bords d'un lac qui communique avec la mer. La ville s'étend sur la pente douce d'une colline et est entourée d'un mur dont les portes sont fermées le soir à une heure déterminée. La population est approximativement de 120,000 habitants ; celle de toute la régence de 1,500,000. On assure qu'à l'époque de sa plus grande prospérité, ce pays n'a pas seulement nourri une population de 17,000,000 d'habitants, mais qu'il faisait aussi de grandes exportations de blé. En effet, on appelait la Lybie les *Greniers de Rome*. La majorité de la population se compose de Bédouins et de Kabyles. Les Bédouins, bien que nomades, occupent des districts assez bien délimités. Chaque tribu a un scheikh héréditaire, mais pour restreindre les tendances au maraudage, pour contrecarrer leur désir de se soustraire aux impôts, et pour s'assurer de leur subordination politique, le Bey nomme un gouverneur pour chaque tribu. Ces arabes ne payent pas de loyer pour les terres qu'ils cultivent; ils ne paient que la dîme. Les Kabyles habitent les montagnes entre le pachalik de Tripoli et les régions méridionales aussi bien que celles qui forment la frontière occidentale qui sépare la Tunisie de l'Algérie. Les Kabyles de l'ouest sont jaloux, soupçonneux et inhospitaliers. Ils ne permettent pas à un étranger, pas même à un arabe, de les visiter dans leurs retraites montagneuses, qui sont protégées par des montées raboteuses et entourées des forêts les plus épaisses. On ne sait pas le nombre de cette population, mais le rapport du consul-général anglais dit qu'ils peuvent mettre en ligne 18,000 hommes équipés.

Ils s'occupent de l'élevage du bétail et font le commerce du miel, de la cire, du blé et du tabac.

Les tribus qui s'appellent *Touaregs* ont cette particularité que, tandis que les femmes ne sont pas voilées, les hommes se voilent avec jalousie.

La population de la ville consiste en Maures, arabes, descendants des Turcs, en des chrétiens, en juifs et en nègres. Les juifs sont estimés, pour Tunis seulement, à 30,000 et les maltais à peu près 5,000. Des lois restrictives récemment promulguées en Sicile contre le brigandage, ont obligé grand nombre de Siciliens à se refugier à Tunis. Ils ont quitté leur pays à sa grande satisfaction. Leur immigration a été la cause d'une sérieuse anxiété pour le gouvernement tunisien et pendant mon séjour, l'appréhension d'un tumulte était si grande que les officiers ont reçu l'ordre de coucher dans les casernes et tous les préparatifs étaient faits pour maintenir l'ordre.

## CHAPITRE X.

### LES PRODUITS DE TUNIS.

Les produits de Tunis consistent en draps de laine, broderies, cuirs ; en soie rayée de filigranes d'or et d'argent, en descentes de lit et en calottes rouges, nommées *chachia* en Tunisie. Ce dernier produit est renommé pour sa belle couleur, sa solidité et le fini de son travail. Lady Herbert dans un chapitre sur Tunis, qui forme partie d'un ouvrage récemment publié, dit que les *chachia* sont fort chers, ceux à meilleur marché coûtant trente shellings (37 francs et demi). A la dernière page elle laisse tomber une larme sur la mémoire de Toby (un juif commensal du consulat anglais qui persuada l'aimable auteur qu'il était drogman du Consulat, qui la conduisit au bazar à titre de guide, et qui marchanda pour elle.) "Cher Toby, dit-elle, maintenant il n'est plus, hélas !"

Il est vrai qu'il devait lui être cher, car bien qu'elle eût payé trente-sept francs pour des *chachias* de la plus mauvaise qualité, pour moi j'en trouvai de la meilleure qualité pour sept francs. Je ne veux pas manquer de galanterie à l'égard d'une dame, mais je ne puis toutefois m'empêcher de m'apitoyer sur ce chapitre sur Tunis, puisqu'il donne une idée tout-à-fait erronée de cette ville. Tout ce que cette dame auteur a vu était "exquis", "glorieux", "beau", "magnifique", "splendide", "délicieux". Les bazars, disait-elle, sont supérieurs à ceux du Caire, de Damas et de Constantinople, ce qui est foncièrement faux. Le Bardo, agglomération irrégulière de bâtisses sans ornements, jetées pêle-mêle, sans le moindre art, est décrit par elle comme un bel assemblage d'édifices. Dans une note, l'auteur informe ceux qui n'ont pas eu la chance de visiter Tunis que *Sidi* veut dire seigneur et *Lilli*, Madame. Un bel esprit a ajouté au crayon sur le volume que j'ai lu : " Et *bibi* pour bébé et *booby* (nigaude) pour l'auteur. " Tous les tissus, à Tunis, se font à la main. Les soieries sont d'une fabrication spéciale qui donne un brillant extraordinaire à leurs teintes. Les draps de laine et généralement toutes les étoffes sont très solides et reviennent à un prix très modéré. Un *burnous* qui coûte soixante francs semble devoir durer toute la vie d'un homme. Les étoffes, malgré les avantages qu'elles présentent, ne peuvent pas lutter contre le bon marché des étoffes peu solides qui sont importées de l'Europe.

A Tunis, comme dans d'autres pays musulmans, bien que le peuple donne des preuves si éclatantes de ses aptitudes pour les arts utiles, rien n'est fait pour développer leur industrie ; ils font de leur mieux, mais il est très-naturel qu'ils ne puissent faire concurrence aux produits des pays où toute espèce de primes sont offertes à ceux qui s'adonnent aux arts et métiers. Malgré ces désavantages, on voit les Tunisiens de basse classe eux-mêmes, vêtus d'étoffes du pays ; mais tout le monde qui cherche à se mettre d'une façon élégante, a recours aux produits européens.

Ayant vu à Constantinople et en Egypte dans les bazars tunisiens des pantoufles jaunes et rouges très-élégantes et fort bien travaillées, j'ai fait toutes les recherches possibles à Tunis pour acheter ces mêmes produits sur place, mais ils étaient introuvables. Je n'ai trouvé que des articles en cuir de qualité ordinaire, mais très solides et à vil prix. Par exemple, une paire de pantoufles en cuir rouge, assez bien faites et très-solides, coûte moins de deux francs.

Le bon marché des marchandises occidentales exposé dans le bazar européen à Tunis est quelque chose de fabuleux. On m'a offert une douzaine de chemises blanches, d'apparence très-élégante, pour vingt francs. Les Tunisiens, comme tout le monde, sont sûrs de trouver que le bon marché est le plus cher. Il s'agit pour le gouvernement de prendre des mesures afin que les artisans apprennent à faire, à un prix raisonnable, des tissus à la mode, de sorte qu'on puisse trouver sur place ce qu'on est obligé aujourd'hui de chercher hors du pays.

La richesse d'un pays ne se chiffre pas seulement par la production brute de ce pays, mais aussi par ce qui est consommé.

## CHAPITRE XI.

### LE BARDO.—LE PREMIER MINISTRE.

Il n'y a pas un seul édifice, en Tunisie, ayant une belle façade. Le Bardo, anciennement résidence du Bey, mais qui s'en sert aujourd'hui simplement comme d'un centre administratif, ressemble plutôt à une grange qu'à un palais, si ce n'est qu'on y voit quelques pièces de canons et les murs d'une ancienne forteresse. Le palais du Bey, qui se trouve vis-à-vis, est d'un extérieur sévèrement simple, et telles sont les maisons les plus riches en dedans et au dehors de Tunis. Le Bardo se trouve distant d'une demi-heure de la ville en voiture. On peut y aller en chemin de fer, mais seulement à des heures qui ne conviennent qu'aux employés du gouvernement. En entrant au Bardo, on passe par un cour d'un côté de laquelle est une colonnade dont les colonnes ont une forme polygonale et si grossièrement taillées, qu'on dirait qu'elles avaient été moulées en potée et avaient dans la suite perdu leur forme.

Il y a encore une cour dans laquelle les voitures s'arrêtent et ensuite on pénêtre dans une autre cour où se trouve l'entrée du palais. On voit tout autour des colonnades en marbre avec les arceaux noirs et blancs, comme si c'était une construction en briques. Ceci peut être très-caractérisque, mais aussi c'est fort choquant pour l'œil. Un escalier en marbre, gardé par des lions de convention, mène à une galerie où se trouvent plusieurs entrées au palais. Ici et dans tous les passages du palais, on rencontre des foules d'arabes accroupis, drapés dans leurs *bournous* et voulant apparemment affecter autant que possible de ressembler à des sacs de farine. Après avoir coudoyé ce monde de *bournous* qui encombre l'escalier et toutes les antichambres, nous arrivons au bureau du secrétaire qui nous annonce ; après quoi nous sommes introduits dans une large salle au bout de laquelle est assis le premier ministre. Tout ce que nous avons vu d'oriental au dehors de cette chambre disparaît en ce moment. Le premier ministre, le général Khéréddine pacha, se lève pour nous recevoir et alors nous voyons un homme robuste, au teint frais, beaucoup au-dessus de la taille moyenne, dans la force de l'âge, habillé à l'anglaise ; et à l'exception près de son haut fez tunisien qui ajoute à la dignité de sa prestance, on pourrait le confondre avec un *squire* anglais. Cependant, le premier ministre s'exprime en français, langue qu'il connaît fort bien. Il est très franc dans ses opinions et possède des connaissances variées.

Le général a récemment publié un volume en arabe dans lequel il donne un aperçu de l'histoire constitutionnelle de tous les pays civilisés et tâche de prouver que la religion musulmane ne s'oppose pas au progrès. Il affirme même, et il cite l'autorité des plus célèbres juristes musulmans à l'appui de ses arguments, qu'un pays musulman pourrait être gouverné par un groupe de personnes. Cette dernière partie de l'ouvrage du premier ministre a été traduite en anglais et en français.

Il est bien entendu que je ne puis pas dire si l'auteur a prouvé sa théorie à la satisfaction de ses coréligionnaires, ou non, bien que j'aie trouvé beaucoup d'entr'eux qui partagent ses opinions, mais je dis que c'est un remarquable et bon signe des temps à noter de trouver un musulman distingué, aujourd'hui premier ministre d'un prince autocratique, qui fait de son mieux pour prouver à ses coréligionnaires qu'ils ont beaucoup à apprendre des chrétiens et qu'ils pourront et devront le faire un moment plus tôt : et de l'autre côté il prouve, non-seulement aux musulmans, mais au monde entier, que l'islamisme n'est pas un irréconciliable du progrès.

Prenant congé du premier ministre, nous allons voir les archives qu'on dispose aujourd'hui de telle sorte que, si on sait le numéro ou le nom que porte un document, on peut le trouver tout de suite au moyen des régistres. Je me souviens d'une anecdote au sujet des archives d'un autre ministère que je ne crois pas taxé d'exagération: Un drogman cherchait un document, et après avoir été renvoyé pendant un mois d'un bureau à l'autre, il alla finalement en référer aux archives. Il entra dans une vaste chambre dont les murs étaient tapissés de casiers pleins de vieux papiers, espèce de catacombes,et en demandant le dit document à l'archiviste, ce dernier lui dit nonchalemment: " Voilà les archives, trouvez-le." Ce n'est que depuis un ou deux ans qu'on travaille à mettre a ordre les archives du gouvernement tunisien et ce labeur n'est pas encore terminé.

Pour ce qui est du palais proprement dit du Bardo, il y a entr'autres une grande salle de réception bien proportionnée entourée de portraits de grandeur naturelle de souverains, à l'exception de la Reine Victoria, qui, en retour des riches cadeaux que le Bey lui avait envoyés, n'avait offert à Son Altesse qu'une gravure ordinaire représentant la Reine dans son costume de cérémonie.

Le Bey s'est vengé de cette indifférence en suspendant cette gravure à l'ombre de son trône. Il y a un très-beau portrait de Louis-Philippe en tapisserie des Gobelins, et c'est l'unique chose au palais qu'une personne de bon goût pourrait convoiter. Tous les tapis sortent des fabriques européennes, et tous sont rongés par des mites et plusieurs sont grossièrement réparés. Le plafond est peint d'un style tout-à-fait tunisien, fond clair avec des cercles de couleur voyante et d'un ton criard, produisant un effet bizarre. Cette remarque s'applique à tous les plafonds des palais ou grandes maisons de Tunis. Nous pénétrons ensuite dans une petite chambre qu'on pourrait nommer la chambre des miroirs, car le plafond et les murs sont revêtus de glaces maintenues par des filets en or. Mais l'argentage disparaît des glaces et cette chambre, comme tout le reste du palais, brille plutôt par son usure que par sa splendeur. La salle de justice est remarquable par les marbres français historiés qui entourent les murs. Dans cette salle, le Bey siége chaque samedi et distribue la justice â ses sujets.

On m'a assuré que Son Altesse parvient à expédier un grand nombre de procès dans l'espace d'une heure, et comme il n'y a pas d'appel contre sa décision, cette administration de la justice à la bonne franquette décourage les litiges. Les murs des chambres de moindre importance sont revêtus de carreaux vernis qui sont très mal ajustés. Le seul travail indigène que l'on peut vraiment admirer, c'est le plâtrage mauresque. Le plafond des salles extérieures du palais et des maisons de personnes aisés est recouvert de ce délicat ouvrage qui ressemble à de la dentelle. Une couche de plâtre fin et d'un pouce et demi d'épaisseur est étendue sur le mur et ensuite fouillée au moyen d'outils en dessins enchevêtrés. L'art a été si peu patronné qu'il est presque devenu suranné. On m'a dit qu'il n'y avait aujourd'hui à Tunis qu'un homme qui soit vraiment habile pour ce genre d'ouvrage. C'est un art purement mauresque.

## CHAPITRE XII.

LA CONSTITUTION.—LES MOSQUÉES.—LA PRISON.—L'HEURE. —L'ÉCURIE DU BEY.—LES EXÉCUTIONS.—L'ESCLAVAGE.

Le palais de Dar-ul-bey en ville n'offre rien d'un intérêt spécial si ce n'est qu'un de ses salons avait servi comme salle de réunion à l'assemblée nationale qui faisait partie de la Constitution établie en 1860. Cette constitution a été élaborée par Mohammed bey et promulgée par Sadyk, le Bey actuel. Il paraît cependant que S. A. aurait trouvé que la Constitution présentait des inconvénients (quelques-uns des députés avaient commencés à parler franchement et sans ménagement) et ainsi en 1864 un décret fut publié qui doublait la capitation taxe qui était déjà de 22 et 1|2 fr. et on donna à entendre aux Arabes que cet impôt était rendu nécessaire par les réformes. Les tribus se révoltèrent immédiatement et pendant 5 mois la Régence était en conflagration. Alors le Bey fit publier une proclamation réduisant la capitation au-dessous du chiffre primitif et en même temps abolissant la Constitution et avec elle les tribunaux avec juges rémunérés; en un mot c'était rétablir le *status quo antè*. Le calme revint aussitôt.

Un non-musulman ne peut pas, pour aucune considération, entrer dans une mosquée de Tunis. Un jour je m'aventurai sur les marches extérieures d'une mosquée, voulant seulement regarder dans la cour, lorsqu'une vingtaine de boutiquiers tunisiens quittèrent leurs échoppes et coururent sur moi les yeux injectés de zèle fanatique, et bien que je leur eusse fait entendre que je n'avais pas l'intention de franchir le seuil de la mosquée, ils me firent descendre avec force menaces.

La prison est très-propre et bien agencée,les différents rites ayant leurs compartiment séparés. J'ai vu là un italien qui subissait quatre ans d'emprisonnement pour avoir mordu et enlevé le nez d'une femme.Il me disait qu'il était très cruel d'être emprisonné pour si longtemps et pour un acte commis dans un moment de rage. Comme ce prisonnier est habile ébéniste,on le laisse travailler pour son propre compte. Il m'a dit qu'il ne payait qu'un franc par jour à la prison: il avait un atelier très-commode, et comme il vend à son profit, tout ce qu'il fait, il fait de bonnes affaires.

S'il est vrai que l'heure a été inventée pour les esclaves, il paraîtrait qu'il n'y a pas d'esclaves à Tunis, parce que l'heure est inconnue dans cette ville fortunée, bien qu'il y ait un chemin de fer. Il ne manque pas d'horloges; mais comme il n'y a pas d'observatoire, les montres sont réglées à peu près d'après le lever et le coucher du soleil. L'horloge du chemin de fer est réglée une fois par semaine, ce qui a donné lieu à des incidents fâcheux, comme, par exemple, celui d'un monsieur qui descend de Tunis à la Goulette, qui prend l'heure de la station et qui s'en va vaquer à ses affaires; il retourne ensuite dix minutes avant l'heure du départ du train; mais il trouve que les employés quittent déjà la gare, car le train était parti et qu'il n'y en avait plus. Il se fâche et fait appel à l'horloge de la station sur laquelle il avait réglé sa montre. A son grand étonnement, il trouve que l'heure a avancé de 20 minutes depuis son départ. Ce phénomène lui est facilement expliqué par l'employé, qui lui dit que l'horloger est venu faire sa visite hebdomadaire, et qu'il avait réglé l'horloge. Comme il n'y a pas de voiture de la Goulette à Tunis,ce monsieur a dû y passer la nuit.Je ne suppose pas que ce désagrément arrive souvent, parce qu'à Tunis, comme tout le monde sait que l'heure n'est guère stable, on a l'habitude d'aller à la gare une demi-heure avant l'heure de l'itinéraire.

L'écurie du Bey de Tunis ne manquera pas d'étonner le voyageur. En effet, l'enfant de l'Occident, nourri dès sa plus tendre jeunesse des récits sur les chevaux, les coursiers, les Pégases, barbes, et autres de l'Orient, et de l'Afrique, croit naïvement que c'est dans ces pays qu'il devra rencontrer la réalité de ses rêves. Mais à Tunis quelle ne sera pas sa déception lorsque, se proposant d'acquérir un cheval, il s'apercevra que pour trouver un bon cheval de selle, il se heurtera à beaucoup plus de difficultés qu'en Europe. Sa curiosité étant plus excitée il se rend au Bardo pour jouir de la vue de ces rares coursiers. C'est alors qu'il s'aperçoit de la réalité ; car dans ces écuries même, il ne peut voir que deux ou trois étalons de race. Il est vrai que ces deux ou trois étalons sont merveilleux. En effet, j'en ai vu un d'entr'eux qui interprétait le moindre signe du *seïs* (écuyer) et qui gambadait à son geste comme s'il était son semblable.

Le voyageur s'explique la disparition du cheval barbe par ce fait que la remonte française absorbe les bons chevaux de l'Afrique du Nord. Un petit cheval de belles formes, qui s'appelle le *Djébéli* (montagnard) est le seul qui reste. Les mulets, qui supportent le mieux les changements de température, sont préférés par les gens du pays. Le voyageur qui se figure que tout prince oriental brille par son faste, est tout surpris en ne voyant dans l'écurie d'un souverain comme le Bey de Tunis qu'une vingtaine de voitures dont la plupart sont râpées et le reste, assurément, n'éveilleraient pas la convoitise d'un gentilhomme européen. Plusieurs de ces voitures sont tout à fait hors d'état de servir ; les autres sont d'un clinquant exagéré et il n'en est pas une seule qui puisse combiner l'élégance avec la solidité.

Devant le palais du Bardo s'élève une maisonnette blanche. C'est là que se font les exécutions. Le Bey de Tunis est un homme au cœur compatissant et qui ajourne autant que possible la peine de mort. Pendant mon séjour à Tunis, deux criminels furent pendus, mais ces criminels avaient été condamnés deux ans auparavant.

Lorsqu'on visite les bazars, le guide est sûr de montrer

au patient qu'il conduit, un endroit qu'il baptise du nom d'ancien marché aux esclaves. Des Tunisiens respectables m'ont assuré que cette arcade qui servait autrefois à ce genre de commerce continue à exister ; mais d'après l'ouvrage de M. Davis, intitulé *Evenings in my Tent*, lorsqu'au mois de *Moharrem* (janvier) 1262 de l'hégire, c'est-à-dire il y a trente ans, l'esclavage était aboli, le marché lui même fut démoli. Je ne pus constater à Tunis si le marché avait été effectivement détruit ou non, mais je n'ai pas le moindre doute sur le fait principal que l'esclavage n'existe pas à Tunis. A propos de cette question de l'esclavage, le voyageur dans le Levant ne pouvait qu'être frappé de l'extrême difficulté qui circonscrit l'action des autorités. Par exemple, un navire arrive dans un port important, où le consul d'une puissance reconnue comme le champion de la liberté, s'est chargé de la mission de protéger tous les esclaves qui pourraient être cachés à bord des navires. Il vient à sa connaissance qu'il s'en trouve à bord d'un certain navire ; immédiatement il y envoie un ou deux *cavass* pour constater les faits ; ensuite il apprend que quelques-uns de ces esclaves ont été débarqués et ne sont pas retournés sur le navire au moment du départ, ce qui veut dire que le propriétaire en avait trouvé des acheteurs. Le philanthropique consul ne peut rien faire, si ce n'est de télégraphier à l'ambassadeur pour l'avertir que le restant des esclaves doit arriver. L'ambassadeur communique la nouvelle aux autorités locales, qui prennent les mesures nécessaires pour libérer ces pauvres êtres,et alors quelle est la valeur de cette liberté ? Ces pauvres créatures auraient préféré l'esclavage; et en effet nominalement ils deviennent des domestiques, mais en réalité leur état n'est pas plus élevé que s'ils avaient été achetés. Le fait est que dans ces pays-ci l'esclavage est très doux ; on n'a pas à s'apitoyer sur le sort de ceux qui se trouvent dans cet état, parce qu'ils sont bien nourris, bien vêtus et d'après tout ce que ne savons, bien traités : mais ce qui doit exciter notre commisération, c'est que ceux qui arrivent sur le marché ne représentent qu'un tant pour cent de ceux qui ont été ravis de leurs foyers par les misérables marchands de chair humaine. Je veux constater que d'après toutes les informations que j'ai recueillies à Tunis, l'esclavage a cessé dans ce pays, et que dans la maison du Bey lui-même, il ne se rencontre pas d'esclaves.

## CHAPITRE XIII.

### LA CHASSE.

La chasse est le seul entraînement pour les visiteurs. Dans le temps, il y avait un cercle de steeple-chase, mais il est arrivé une fois qu'une demoiselle dont les forces équestres dépassaient celles de son coursier, est tombée à la suite de la fatigue de son cheval, et a eu le malheur, dans sa chûte, de se casser le bras, accident qui a provoqué la dissolution du cercle. Sur le lac, on voit beaucoup de canards sauvages et de foulques; mais le grand attrait du chasseur se trouve dans les troupes d'innombrables flaments qui rayent le lac par-ci par-là de couleurs de rose. Ces échassiers inquiets sont toujours sur le qui-vive, et je n'ai jamais entendu qu'un chasseur ait eu la chance d'en abattre un seul, bien qu'il les ai attaqués au moyen de fusils à répétition. Le canot peut les approcher de trois cents mètres, lorsque les flaments paraissent toujours comme une masse compacte, et on dirait qu'une balle d'un fusil rayé tirée au beau milieu d'eux ne manquerait pas de faire des victimes, mais les tireurs les plus adroits ont été désappointés dans leur attente. Les flaments continuent à pêcher nonchalemment jusqu'à ce que le coup de fusil soit tiré, lorsqu'on les voit s'élever par milliers comme un nuage rose, et, avec les montagnes lointaines comme arrière-plan, l'effet de cette nébuleuse ondulante et colorée est très pittoresque. Il y a des touristes anglais qui ont la manie de dépécer ces oiseaux, non pas pour ajouter aux connaissances anatomiques, ou d'histoire naturelle, mais pour rapporter chez eux quelques trophées de leurs excursions. C'est le même esprit que l'Indien qui scalpe son ennemi. Je n'aurai pas vu de près ces flaments si ce n'était que des arabes, sentant que ces peaux étaient recherchées, n'en eussent offert en vente.

J'ai remarqué cependant que ces oiseaux vendus par des arabes ne portaient pas la marque de balles et les chasseurs n'ont jamais sû de quelle manière les arabes les avaient attrapés. Ces oiseaux se vendaient trois ou quatre francs chacun, bien que le plumage vaille en Europe au moins dix fois ce prix. Dans le voisinage immédiat de Tunis, la chasse est très pauvre. On va dans les oliviers d'où l'on a la plus belle vue de la capitale, mais comme sport, on n'y rencontre pas grand' chose, et pour y arriver en voiture, on court à chaque instant le risque de verser, tant la route est mauvaise. Une autre excursion favorite est à Djebel-Ressaz (montagne de plomb). Là, au moins, si on ne trouve pas beaucoup de gibier, on est récompensé par la vue d'une montagne extraordinaire et d'une promenade en voiture des plus agréables. Cependant, à la table d'hôte, on vous sert tous les jours du gibier de toute sorte. La perdrix rouge paraît être très commune mais elle est très sèche à manger. Les sangliers et toute sorte de gibier abondent à deux ou trois jours de distance de la capitale ; et à Malte, la Tunisie est renommée pour la chasse abondante de son territoire. M. Davis, dans l'ouvrage que nous avons déjà cité, raconte le procédé curieux et presque incroyable employé par les Maures pour attraper les perdrix qu'il dit être très abondants dans le Djérid (pays de branches de palmiers). Il dit que les maures emploient une espèce de store de couleur jaune, portant des points noirs à distance égale. Ce store est de un mètre un quart carré et supporté par deux battants. Le store est percé au milieu d'un trou assez grand pour donner passage au canon du fusil. Au dessus se trouvent deux trous plus petits pour les yeux ; le tout est surmonté d'une paire d'oreilles semblables à celle d'un léopard. Il paraît que la perdrix porte beaucoup d'affection à cet animal, et lorsqu'il dort, ces oiseaux descendent sur lui et débarassent ses oreilles des insectes qui pourraient interrompre son repos. L'innocente perdrix se trompe au piége du chasseur et, croyant que c'est son animal favori, va s'exposer au coup mortel.

M. Davis raconte aussi que l'hyène est attrapée par les arabes d'une façon singulière. Cet animal a deux portes à sa tanière, d'après la phraséologie arabe, car cette tanière est tellement étroite que l'hyène ne peut se tourner pour sortir par l'ouverture d'où elle est entrée. Les arabes prennent note de l'ouverture d'où l'hyène entre, et couvrent l'autre d'un filet de corde ; alors un arabe entre après l'hyène et comme il s'approche de l'animal, il l'enchante, disent les arabes, de la manière suivante : " Venez ici ma jolie créature, je vous conduirai aux endroits où abondent les cadavres et les viandes plantureuses ; permettez-moi de fixer cette corde autour de votre belle jambe et restez tranquille pendant cette opération."

Ces phrases ou quelque chose de pareil sont répétés jusqu'à ce que l'opération se fasse, et alors le fils audacieux du Sahara commence à piquer l'animal avec un stylet ou quelque arme pareille, jusqu'à ce qu'il soit forcé de sortir et de se diriger vers le piège, d'où il est ou tué ou emporté vivant. Mais si malheureusement il arrive que l'homme chargé du soin du piége commet quelque maladresse qui permette à l'hyène de se retourner et de rentrer dans son terrier, alors le sorcier, malgré ses enchantements, devient la victime de la rage de la bête fauve et souvent ses compagnons ne peuvent guère en échapper sans en ressentir les effets terribles.

## CHAPITRE XIV.

### L'INSTRUCTION PUBLIQUE.

L'éducation est un des premiers soins du gouvernement actuel. Le premier ministre a récemment fondé un Lycée nommé le *Sadikieh*, où 150 jeunes maures dont 50 sont pensionnaires, et appartenant aux classes aisées, apprennent l'arabe, le français, la géographie, les mathématiques et l'histoire. Il existe aussi 59 écoles primaires fréquentées par

1239 écoliers qui apprennent à lire le Coran et à écrire ; et 27 collèges contenant 231 pensionnaires qui finissent les études préparatoires pour leur admission à l'Université religieuse.

Indépendamment des écoles gouvernementales il y a plusieurs écoles soutenues par des étrangers. Ainsi l'école protestante, fondée par la Société de Londres pour la propagation de l'Evangile parmi les Juifs, est fréquentée par 167 élèves de deux sexes, dont une demi-douzaine seulement sont chrétiens et le reste israélites. L'enseignement comprend tous les élements d'instruction. Les écoles juives donnent une instruction d'un caractère pûrement religieux. Le collège italien est ouvert à toutes les nationalités et à tous les cultes et fréquenté par à peu près 500 élèves des deux sexes. Les écoles françaises donnent l'instruction à 900 garçons dont la plupart maltais ou italiens. Il y a aussi une école française pour filles, qui compte 200 élèves. Les sœurs de charité de l'ordre de Saint-Joseph donnent l'instruction à 750 filles. Cet ordre reçoit une subvention de 10 livres sterling par an du gouvernement de Malte, mais pour faire face aux frais de l'école, il dépense principalement sur les recettes des bazars de bienfaisance qui sont tenus de temps à autre par des dames charitables de la capitale, la grande majorité des élèves recevant une instruction gratuite. Ces ressources sont très précaires et les dignes sœurs sont souvent exposées au besoin. Malgré cela, elles persévèrent dans leur tâche pieuse et utile, et il est à souhaiter que leurs efforts seront mieux secondés à l'avenir.

C'est un fait significatif que les écoles étrangères, sans compter les écoles juives qui donnent une instruction exclusivement religieuse, comptent 2,500 élèves, tandisque les écoles et les collèges du gouvernement n'en comptent que 2,100 et parmi ces derniers il n'y a que les 150 du nouveau Lycée *Sadikié* qui reçoivent une éducation libérale et conforme à l'esprit du siècle. L'éducation donnée dans les collèges ou les Universités arabes peut suffire pour former un gentleman arabe. C'est enfin une instruction classique qui ne produit rien, si ce n'est un pédant et un fanatique. Ce genre d'instruction a été, il est vrai, suivi dans les centres cléricaux d'éducation en Europe, mais il était toujours allié à l'étude des sciences positives, et dans ces dernières années il a été relégué au second plan pour faire place à une forte dose d'instruction pratique.

On se rappellera du fameux discours prononcé il y a dix ans, par M. Lowe, l'ancien chancelier de l'Echiquier en Angleterre, qui est renommé pour ses connaissances classiques, et dans lequel il a affirmé qu'il importait beaucoup plus à l'homme de savoir où se trouve son foie, que de savoir qu'il s'appelle ἧπαρ en grec et *jecur* en latin.

Ce sont les études scientifiques et pratiques qui ont enrichi les nations occidentales et tant que les orientaux donnent la préférence à l'instruction classique et religieuse, ils resteront en arrière, ne conservant par cette éducation qu'une seule force, le fanatisme.

## CHAPITRE XV.

### LES SOCIÉTÉS ÉTRANGÈRES.— L'AGRICULTURE.— LES MINES.— LES CONCESSIONS.

Les seules sociétés étrangères qui possèdent de concessions du Bey, sont trois compagnies, à savoir : *The Tunisian Railways Company*, l'Usine du Gaz et le *London Bank of Tunis*. Ces établissements ont été fondés respectivement en 1871, 1872 et 1873. Le chemin de fer a une longueur de 22 milles. Les indigènes s'en servent comme s'ils y avaient été habitués, toute leur vie ; mais ils ne se servent pas très largement du gaz, prétendant que son prix est trop élevé. Cependant la grande majorité de la population n'en a pas besoin, puisqu'il est dans son habitude de se lever et de se coucher en se basant sur le soleil. La première Compagnie du Gaz (car cette entreprise, de même que le chemin de fer et d'autres, a passé par plus d'une main) se préparait à illuminer Tunis *a giorno* en posant des tuyaux d'un diamètre qui rivalisait avec les artères de

Londres, mais cette attente ayant été déçue, la Compagnie actuelle a enlevé tous ces grands tuyaux et les a remplacés par d'autres de proportions plus modestes.

A en juger par l'obscurité de la ville, il faut supposer que la Municipalité est trop pauvre pour payer l'éclairage, ce qui, en effet, m'a été dit. Les boutiques, les maisons européennes, les prisons, et quelques rues sont éclairées au gaz, et on espère que dans une époque rapprochée, l'usage en deviendra plus étendu, de sorte que cette entreprise utile rendra des bénéfices. Le prix du gaz à Tunis est de 12 shellings et 6 pences les 1000 pieds cubes. La Banque de Tunis, fondée après beaucoup d'opposition, sur une concession accordée à M. Harvey Ranking de Londres, a un capital nominal de 100,200 livres divisées en 200 actions du 500 livres, appartenant au fondateur et 200 actions d'une livre. Cette Banque a le privilège de prêter de l'argent au gouvernement, de faire des avances sur les travaux publics et affaires industrielles, et d'obtenir et exploiter des concessions qui pourraient être profitables.

La Régence de Tunis est un pays essentiellement agricole. C'est pour cela que pendant la saison des pluies qui tourmentent tant les touristes, les Tunisiens se frottent les mains en s'écriant: C'est de l'or qui tombe! On ne sait pas au juste la superficie du territoire cultivé, mais en prenant comme base le montant des dîmes, il y aurait 600,000 hectares de terres cultivées annuellement, sans compter les terres labourées par les tribus nomades et par les kabyles. Les instruments agricoles sont des plus primitifs. Un laboureur, sa femme et une paire de bœufs peuvent cultiver deux tiers d'un *méchia* (dix hectares) dans le cours d'une saison. Ce *méchia* est semé de quatre quarters de blé et d'une quantité égale d'orge. Le tiers restant est laissé en friche et sert de pâturage aux bestiaux. M. Wood dit dans son dernier rapport que par suite de la convention de 1863, passée entre le gouvernement anglais et le gouvernement tunisien, qui concède aux sujets anglais le droit de posséder la propriété territoriale, les Maltais ont acquis des terres qu'ils cultivent avec plus de soin que les arabes ; ils ont des avantages sur les Siciliens car ils sont d'un caractère paisible et industrieux, et leur langue étant une espèce de dialecte arabe corrompu, facilite leurs relations avec les indigènes.

Comme il y avait beaucoup d'abus et d'opposition de la part des experts chargés de l'évaluation des récoltes,la dîme fut commutée à 3 ½ boisseaux pour 16 boisseaux de semences, soit de blé, soit d'orge. Pour encourager l'introduction des améliorations dans la culture des terres, le gouvernement tunisien accorda à M. de Sancy une concession de 4 ou 5000 hectares à la condition que le concessionnaire y apporterait des chevaux, des bestiaux, des instruments aratoires et qu'enfin il organiserait une ferme modèle qui servirait à prouver aux indigènes la valeur du système européen. Le concessionnaire s'associa avec un certain M. Bonaparte-Wyse, ce qui eut pour résultat un long procès qui constata que le but de la concession avait manqué. Malgré cela, j'ai entendu dire à Tunis que cette concession a donné lieu à une réclamation contre le gouvernement pour une forte somme, ce qui est, à ce qu'il parait, le résultat immanquable de toute concession en Orient.

L'existence de plusieurs mines a été constatée par des personnes compétentes. Il y a à Djebba, à 110 milles de Tunis, des mines de plomb qui ont été partiellement exploitées par le gouvernement lui même, et sont aujourd'hui concédées à M. H. Ranking. L'installation de ces mines est évaluée à 50,000 livres sterling.

Une concession a été accordée en 1874 pour la construction d'un chemin de fer de Tunis à Djebba. On augurait favorablement de cette entreprise, car le chemin de fer devait traverser les plus fertiles districts de la Régence et aurait aussi transporté les produits des mines de Djebba. Cependant la construction de ce chemin de fer n'a pas encore été commencée.

La mine de plomb de Djébel-Rassaz est située à 11 milles de Tunis et réputée très-riche en minerai ; elle a été anciennement exploitée par les Romains. Une concession a été donnée pour cette mine à une société anglo-franco-italienne, mais cette compagnie n'a pas exploité activement cette mine, et lors de mon séjour à Tunis, il n'y avait que quelques ouvriers qui y travaillaient. Il y a encore des mines de plomb et de cuivre à Djébel-Zaghwan. Le district de Tabarka contient du cuivre, du plomb et du fer à une distance très courte de la mer. On suppose que les veines du minerai sont reliées avec celles du territoire algérien près de Bône, qui donnent un revenu annuel de 120,000 livres sterling. Un pays agricole peut être très riche, mais une mauvaise récolte y amène inopinément la famine, de sorte qu'il importe beaucoup au gouvernement tunisien de s'empresser de développer les ressources minérales du pays, de façon que la population ne dépende pas uniquement des produits agricoles.

Sans doute, obéissant au principe *experientia docet*, le gouvernement tunisien déploiera plus de circonspection dans la rédaction des concessions qu'il pourrait octroyer désormais, car son expérience n'a pas été très heureuse en matière de concessions soit agricoles, soit minières.

## CHAPITRE XVI.

### LES DEYS ET LES BEYS.

C'est une erreur commune de supposer que le titre de *Dey* soit tout simplement une corruption du titre de *Bey* ou *vice-versâ.*

Ces titres sont distincts. M. Rousseau, dans son ouvrage intitulé : les *Annales Tunisiennes* dit en racontant la reprise de Tunis des mains des Espagnols par les Turcs en 1573 : "Avant de rentrer à Constantinople, Sinan Pacha organisa l'administration et le gouvernement de Tunis. Il y laissa 4,000 hommes de troupes, divisées en 40 sections à la tête de chacun desquelles il plaça un chef qui prit le nom de *Dey.*"

De sorte qu'à cette époque, le titre de *Dey* correspondait au turc *Yuzbachi* ou *Centurion* romain. Dans la suite, cependant, un des quarante *Deys* fut élevé à la dignité de chef de l'Etat, et reçut le commandement de la ville et des troupes. En 1593, dit M. Rousseau, deux nouveaux offices furent créés par Osman Dey : celui de *Bey* qui avait l'administration et le commandement des tribus et la perception des impôts, et celui de *Captan* ou chef de la marine de l'Etat. Le titre de *Dey* resta en vogue jusqu'à l'année 1705, époque à laquelle le titre de *Bey* fut adopté, parce que, continue le même auteur, "il servait à désigner le chef investi à l'exclusion de tout autre, de la plénitude de l'autorité."

M. Wood dit à ce sujet : "On appelait le chef de la police *Dey* dans le temps, comme chef de l'administration civile pour le distinguer du *Bey* ou la principale autorité militaire de la Régence. Le titre de *Dey* fut aboli par feu Sidi-Mohammed Bey qui lui substitua celui de préfet de police avec rang de général de division." L'ordre de succession au trône était très irrégulier ; la plupart des *Deys* paraissent avoir été élus, mais le poste était souvent usurpé. Pendant l'ère des *Beys* la succession était quelquefois directe, quelquefois collatérale. D'autre fois, le fils cadet montait sur le trône pendant la vie de son frère aîné et d'autres fois l'oncle primait pendant que les fils étaient en vie. L'histoire de Tunis, comme les histoires de tous les pays, est pleine d'horreurs—invasions, révolutions, parricides, fratricides, etc.—Dans l'année 1705, l'armée élut Hussein Ben-Ali, fils d'un rénégat grec, et cet humble et obscur personnage est le fondateur de la famille qui a gouverné jusqu'ici la Régence de Tunis.

## CHAPITRE XVII.

### LE GOUVERNEMENT TUNISIEN ET LA COMMISSION FINANCIÈRE.

Le gouvernement tunisien actuel est une étude très intéressante. Il diffère de tout autre gouvernement du monde. Le Bey ou souverain héréditaire est un vassal de la Sublime

Porte, mais il ne paye pas de tribut, c'est-à-dire qu'il jouit gratuitement de la protection de l'Empire Ottoman. En réalité, le Bey de Tunis est indépendant puisqu'il peut faire tout ce qu'il veut pour le bien de son pays; ce qu'il ne peut faire, c'est de déclarer la guerre de son propre chef, et cela ne serait qu'un malheur. Mais ce qu'il y a de plus remarquable, c'est qu'une administration financière internationale a été entée sur le gouvernement tunisien. On m'avait fait croire en Turquie que la commission financière de Tunis n'était qu'une mauvaise plaisanterie, que les registres étaient rayonnés et couverts d'une poussière qui s'amoncelle depuis des années, et qu'enfin la commission n'existait que de nom. Cependant, durant mon séjour à Tunis, la commission financière a publié son rapport sur l'exercice quinquennal de 1870-1875 et ensuite j'ai eu une pleine opportunité de constater le fonctionnement de cette organisation.

L'histoire de la Dette Tunisienne ressemble à celle d'autres Etats banqueroutiers—une série de plongeons inconsidérés. En 1859, il y avait un déficit d'à peu près un million de livres et une dette flottante apparaissait, devant être liquidée en 1863 par un emprunt. A partir de cette année, les emprunts se suivirent avec une telle rapidité qu'en 1866 le gouvernement dut cesser de payer les intérêts. A part l'acqueduc de Zaghwan à Tunis qui a coûté un demi-million de livres, il n'y avait rien de matériel pour expliquer l'emploi de ces emprunts. L'armée n'était pas soldée et le Bey lui-même était sans argent. Bref, les affaires financières de la Tunisie se trouvaient dans un état plus déplorable que celles de ce pays au moment actuel. Une valeur tunisienne de 100 portant intérêt de 12% se vendait à 18. Le gouvernement s'était rendu coupable d'actes de mauvaise foi, ce qui avait totalement ruiné son crédit. Il avait, par exemple, hypothéqué les revenus des douanes à certains créanciers et ensuite il avait concédé à d'autres personnes qui avaient converti certaines obligations en dette intérieure, l'affermage de droits d'exportation, ce qui, à Tunis constitue la principale source de revenu. Le Bey était entièrement aux mains de ses fermiers. Un négociant ne pouvait pas exporter de blé, de dattes, de l'huile, de manufactures, rien enfin, sans la permission des conversionnistes. Ces derniers doublaient et triplaient la plupart des droits et décuplaient même certains droits, offrant ainsi une prime à la contrebande qui s'est organisée sur une grande échelle. Tout avantage était pris de la condition d'impuissance du gouvernement et de la corruption ainsi que de l'ignorance de ses serviteurs qui ne se sont pas aperçus qu'ils tuaient la poule aux œufs d'or. Enfin, le Bey cédant aux raisonnements des consuls d'Angleterre, de France et d'Italie, et après beaucoup de négociations faites de tous côtés, a publié un décret daté du 5 juillet 1869, ordonnant l'institution d'une commission qui se compose de deux comités : l'exécutif et celui du contrôle. L'exécutif est un triumvirat dont deux membres sont tunisiens, parmi lesquels le premier ministre, le général Khéreddine pacha, qui est le président de la Commission Financière, nommés par le bey, et le troisième, un français nommé par son gouvernement et ayant l'approbation du Bey. Le comité de contrôle consiste en deux anglais, deux français et deux italiens, élus par les porteurs de titres. Le comité exécutif prend la place d'un ministère des finances, mais il est tenu en échec par le comité de contrôle, sans l'autorisation duquel aucun emprunt ou avance ne peuvent être émis. Heureusement qu'aujourd'hui on n'en a pas besoin. La commission financière nomme un sous-comité qui s'appelle le Conseil d'Administration des Revenus Concédés. Ce comité est composé de cinq membres, un anglais, un français, un italien, un maure et un autre, choisi parmi les habitants de tout autre nationalité. La nomination a lieu chaque trois ans ; chaque semestre il doit soumettre ses comptes à la Commission Financière. Chaque délégué étranger de la Commission Financière reçoit 6,000 francs d'indemnité par an, tandis que les membres du conseil d'administration, qui doivent consacrer tout leur temps à la gérance des affaires de la Commission, reçoivent chacun 10,000 francs par an et leur président 12,000 francs. Le premier travail de cette commission était de constater le montant de la Dette publique. Elle trouva que les réclamations se chiffraient à frs. 160,176,800, portant un intérêt de frs. 19,495,360, tandis que les revenus du pays n'atteignaient que frs. 13,500,000, c'est-à-dire deux tiers de l'intérêt sur la Dette.

En conséquence, la Dette était convertie en stock portant intérêt de 5 %, l'échange du papier étant calculé sur le prix moyen des cours auxquels les diverses valeurs avaient été cotées depuis leur émission sur les places de Paris et de Tunis, ce qui leur donnait, d'après les appréciations de la Commissson Financière, une valeur supérieure à celle payée par le plus grand nombre de leurs détenteurs. "Quant aux possesseurs anciens," ajoute la Commission, "ils sont résignés depuis longtemps à une dépréciation qu'ils ont vu s'accroître de jour en jour." De cette façon, la Dette était réduite à de telles limites que l'intérêt était moindre de la moitié des revenus, et pour en garantir le payment, certains revenus furent concédés à l'administration financière. Le rapport de la commission constate que, non-seulement elle a régulièrement payé le coupon, mais qu'elle amortit les arriérés des intérêts qui s'étaient accumulés avant son institution, et aussi qu'elle a pû amortir une certaine partie de la Dette Consolidée.

L'expérience de cette Commission a été si heureuse que les Consolidés tunisiens se cotaient à l'époque dont je parle, à 61, et depuis lors ils ont continué à hausser. Le gouvernement est libéré de toute anxiété et possède tous les moyens nécessaires pour faire face à tous ses besoins, et si dans le passé, le gouvernement a été coupable d'un acte de mauvaise foi envers ses créanciers français, il faut lui tenir compte de la bonne foi persévérante avec laquelle il a exécuté le décret constituant la commission financière. Je ne veux pas entrer dans tous les détails de cette question, mais il y a certaines choses qu'il importe de relever. D'abord on s'est opposé à l'institution d'une commission internationale pour le seul motif que c'était enlever des droits souverains au Bey, mais il paraît que le Bey lui-même a compris qu'il n'y a rien de plus indigne que de ne pas payer ses dettes lorsqu'on en a les moyens, et qu'en acceptant la commission financière, il ne sacrifiait aucun de ses droits souverains, puisque la commission forme partie intégrale du gouvernement tunisien.

On peut même dire que le gouvernement tunisien a appelé à son aide le concours d'Européens expérimentés. L'unification ou la fusion de la Dette Tunisienne était rendue nécessaire par le fait qu'une très-grande partie de la Dette avait été contractée lorsque le crédit du gouvernement était déjà presque ruiné, de sorte que le chiffre nominal de la Dette était, pour ainsi dire, fictif. Tout cela était connu sur place et l'opposition à l'unification était bien faible. Il est très satisfaisant de noter, d'après les procès-verbaux des séances de la Commission Financière, que depuis l'institution de cette Commission, le gouvernement et ses créanciers ont travaillé au bien mutuel. Par exemple, le gouvernement accordait à la Commission Financière, l'administration de certains revenus montant à 6,500,000 francs ; mais comme on ne pouvait pas être sûr de réaliser cette somme, on demandait au gouvernement d'être garanti. Le gouvernement, de son côté, n'a garanti que 5,000,000 de francs pour la première année ; 5,500,000 francs pour la seconde année et 6,000,000 pour la troisième année. Effectivement, nous voyons dans le rapport quinquennal que le gouvernement a comblé les déficits des trois premières années qui montaient à 4,500,000 francs.

Les créanciers, de leur côté, prouvaient leurs bonnes dispositions envers le gouvernement, et considérant que celui-ci pourrait se trouver gêné pour la première année, ont mis à sa disposition une avance d'un million de francs. Il était convenu que si le produit des revenus concédés s'élevait à une somme supérieure à 6,500,000 francs qui étaient le montant des coupons, sans dépasser toutefois 8,000,000 de francs, l'excédant serait partagé également entre les créanciers et l'Etat. La part revenant aux premiers serait affectée à l'amortissement aux mêmes conditions que ci-dessus ; celle attribuée à l'Etat serait employée en travaux d'utilité publique, exécutés par entreprise, au moyen d'adjudications passées avec concurrence et publicité, et d'après des devis établis par des spécialistes. Le rapport démontre en effet, que la Commission a racheté des titres de 1,200,000 francs nominaux donnant un intérêt annuel de 60,000 frs. qui seront employés à d'autres achats de titres.

Certains revenus, comme par exemple la taxe sur les olives, sont toujours perçus directement par le gouvernement et le produit versé dans la caisse du Conseil d'Administration. Ceci est encore une preuve de l'accord qui règne entre la Commission et le gouvernement, puisqu'il n'y a pas la moindre plainte de la part de la première.

J'ai eu l'avantage d'entendre les opinions de ceux qui s'étaient opposés à l'institution de la Commission Financière et qui, naturellement, bien que se trouvant devant un fait accompli, sont disposés à chercher le côté faible de cette institution ; ils ont tous admis cependant qu'elle a donné des résultats surprenants et n'ont trouvé que trois chefs d'accusation à sa charge : 1° que les élections du conseil de contrôle sont corrompues ; 2° que les dépenses du conseil d'administration sont extravagantes ; 3° que le mode de l'application du surplus au rachat des titres est mystérieux. On voit que ces objections ne touchent pas au principe de l'institution de cette Commission. Les amis de la Commission m'ont avoué que la première objection est bien fondée. Un gros détenteur peut prêter à ses créatures le nombre nécessaire de titres pour lui donner le droit de voter (dix mille francs), et de cette manière il est élu. Cependant, personne n'a pû suggérer un système efficace pour remplacer celui en vigueur actuellement, et, dans tous les cas, d'après ce système, c'est celui qui est le plus intéressé au bon fonctionnement de la Commission qui se fait élire pour veiller à ses intérêts qui sont communs avec ceux de tous les autres porteurs.

La moyenne générale des dépenses de la Commission est de $9\frac{1}{2}$ %. Ce chiffre, paraît, il est vrai, à première vue très élevé, mais lorsqu'on considère que l'administration doit faire tous les services de l'Etat en ce qui regarde la perception des droits sur le plâtre, les poissons, éponges et pulpes, timbre, loyers, octrois, tabacs, sel, céréales, exportation et importation, etc., et cela dans tous les débouchés commerciaux de la Régence—si l'on considère, dis-je, cette circonstance, et encore que le montant de ces revenus n'est que de 6,500,000 francs, on comprendra alors facilement que la proportion entre les dépenses et les revenus doive être comparativement élevée. A part ces considérations générales, il est d'autres circonstances qui expliquent le taux élevé des frais, comme l'installation de l'administration et notamment de la Régie des tabacs, l'achat d'un stock de tabac suffisant pour la consommation d'un an et demi, et la construction de plusieurs dépôts et marchés, ainsi que la tenue des livres en arabe et en français. La Commission prévoit que dans l'avenir la moyenne générale des dépenses sera moindre que celle constatée dans le rapport dont nous parlons.

Pour arriver à savoir si l'objection de ce chef était bien fondée, j'ai demandé à ces mêmes personnes si elles croyaient que les employés étaient trop nombreux ou trop largement rémunérés. Ils me répondirent que tel ou tel employé recevait trois mille francs par an actuellement, tandis qu'auparavant il ne touchait que la moitié de cette somme. Je leur ai fait remarquer que les revenus administrés par la Commission avaient donné dans les deux dernières années un rendement de 17 % plus que l'évaluation faite par le gouvernement, ce qui implique que le gouvernement avait été systématiquement frustré par ses employés à bon marché. Pour avoir une bonne administration, il est presque banal de dire que les employés doivent être suffisamment et régulièrement retribués, et s'ils sont convaincus de négligence ou de malhonnêteté, leur punition devrait être prompte et exemplaire. C'est là cependant une verité qui paraît être reconnue par tout le monde, mais mise en pratique par bien peu de monde, surtout en Orient. Si ce n'était que pour faire ressortir l'avantage de l'exécution de cette vérité, l'étude de cette Commission Financière serait intéressante et utile.

La troisième objection est mal fondée et implique une certaine ignorance des bases fondamentales du contrat entre la Commission et le gouvernement; car dans l'acte même du 23 mars 1870, portant la signature de tous les membres de la Commission, avec le sceau du Bey, et la signature de S. E. le premier ministre, il est dit que "si le produit des revenus concédés s'élevait à une somme supérieure à 6,500,000 fr. sans dépasser toutefois 8,000,000 fr., *l'excédant serait employé à l'amortissement de la dette par la voie du rachat au cours du jour.*"

La Commission agit en conformité de ce contrat. Les adversaires disent qu'ils auraient préféré être remboursés au pair et par tirages. Le rachat au prix de jour présente cependant certaines avantages. Il permet à la Commission de retirer un plus grand nombre de titres, ce qui est un gain pour tous les porteurs, et en gardant ces titres, la Commission crée un fond de réserve qui servirait à combler le déficit qui pourrait arriver par suite d'une mauvaise récolte, et ainsi la Commission éviterait le désastre d'une suspension du payement du coupon.

Aussi, comme je l'ai démontré plus haut, les coupons sur les titres retirés sont employés au rachat d'autres titres. Si les récoltes continuent à être bonnes, la dette tunisienne promet d'être éteinte dans un espace de temps relativement court.

En définitive, la Commission Financière à Tunis est une bonne institution pour le pays, d'après le principe qui dit qu'on juge l'arbre sur ses fruits. Je ne suis pas assez hardi pour dire dogmatiquement que le même principe pourrait être appliqué à d'autres pays qui se trouveraient dans les mêmes conditions qui ont amené cette résolution du gouvernement tunisien, mais j'affirme que lorsqu'on voit que la Tunisie a trouvé en cette institution un remède efficace pour l'état désespéré de ses finances, ce remède, si on ne saurait le considérer comme une panacée, vaut au moins les honneurs d'une étude sérieuse de la part des hommes d'Etat qui portent sur leurs épaules un fardeau encore plus lourd que celui qui pesait sur la Régence de Tunis.

Les adversaires de cette Commission, afin d'obtenir les suffrages des hauts fonctionnaires, prétendent que le souverain est réduit à une nullité. Mais cet argument est spécieux; le Bey de Tunis jouit de tous les pouvoirs souverains qu'il avait auparavant.

On ne peut pas prétendre qu'en aidant le Bey à payer ses dettes on lui enlève ses droits, et c'est justement ce que la Commission Financière a fait. Avant l'institution de la Commission, la Régence de Tunis était un Etat banqueroutier; la signature du Bey était deshonorée et cela sur les marchés d'Europe aussi bien qu'à Tunis. Aujourd'hui les créanciers du gouvernement tunisien sont satisfaits, les 5% tunisiens sont cotés à 65, et le Bey lui-même, loin d'avoir sacrifié sa dignité, en a acquis de plus grands titres en étant proclamé partout comme un souverain honnête.

Pour revenir à la forme gouvernementale en général de Tunis, il faut constater l'opinion publique dans ce pays, qu'il est à désirer que le gouvernement paternel qui existe actuellement fera place à une forme de gouvernement plus stable. On est allé même aussi loin que de me faire remarquer que dans certaines éventualités politiques, le Bey de Tunis — on ne dit pas le Bey actuel — pourrait révoquer d'un trait de plume l'acte instituant la Commission financière; et les intérêts des habitants du pays et des créanciers étrangers seraient sacrifiés au caprice d'un despote. Tout cela n'est guère probable, mais il serait mieux que ce fût impossible.

C'est la vieille histoire de la pyramide posée sur sa pointe.

Le premier ministre actuel, le général Khéreddine pacha, constate, dans son ouvrage intitulé : *Réformes nécessaires aux Etats musulmans*, que "l'Angleterre n'a traversé les phases les plus difficiles et n'a donné les plus grandes preuves de sa force et de sa grandeur que sous le règne de Georges III qui était fou." Ce fait pourrait faire croire que le souverain de l'Angleterre est une nullité, mais il est constant que le souverain d'un pays vraiment constitutionnel n'est impuissant que lorsqu'il veut faire du mal, et il a autant de pouvoir qu'un autocrate tant qu'il veut faire du bien.

Une des preuves les plus éclatantes des avantages qu'offre un gouvernement constitutionnel, a été fournie tout récemment, lorsque nous avons vu la Reine d'Angleterre en voyage sur le continent, le prince de Galles aux Indes et tous les autres membres de la famille régnante, excepté des enfants, absents de leur patrie; malgré cela, il y avait une continuité de gouvernement et encore les membres de la famille royale rendaient de grands services à leur pays.

Toutefois je ne prétends pas recommander l'adoption d'une constitution pour Tunis; *le fiasco* complet de la constitution de 1861 démontre que le peuple ne comprenait même pas ce que cela signifiait. Il est une règle du gouvernement anglais, de ne pas modifier les bases du gouvernement du pays sans que ces changements ne soient demandés d'une façon très prononcée par le peuple. Je constate simplement le danger de la forme du gouvernement actuel et je ne doute pas, après lecture de l'ouvrage que nous venons de citer, que le premier ministre de la Régence ne se soit aperçu de cela, et l'on peut, j'en suis persuadé, attendre de S. E. le général Khéreddine pacha tout ce qu'un homme d'Etat, à sa place, est capable de faire pour assurer la stabilité du gouvernement. Il y a, cependant, une réforme qui me parait être absolument nécessaire et qui ne devrait pas être considérée comme touchant au gouvernement proprement dit. Il peut se faire que ce soit très agréable de voir un souverain siéger comme Haroun-al-Rachid et administrer la justice; mais on se dit toutefois, comme je l'ai dit plus haut, que les décisions rendues par ce tribunal patriarcal ont l'air de l'être à la bonne franquette.

Sans déroger aux prérogatives souveraines, comme étant le juge suprême, on pourrait instituer des tribunaux civils présidés par des juges inamovibles et ayant des traitements respectables. Je répète une fois pour toutes, que le souverain n'a rien à craindre des institutions qui ne l'empêchent pas de faire du bien pour son pays, mais qui l'aident tout en faisant du bien.

Il y a deux faits qui prouvent que la Tunisie fait des progrès. Il y a cinq ans, la Dette publique, portant un intérêt de 12 % se cotait à 18 % de sa valeur nominale, tandis qu'aujourd'hui, bien que ces fonds ne portent qu'un intérêt de 5 %, le prix en est de 65 % de sa valeur nominale. Il y a cinq ans, la population était si découragée par l'oppression du gouvernement, qu'elle abandonna les champs et tomba dans le désespoir. Le premier ministre d'alors, disait que la misère de la population était causée par la sécheresse; mais cette explication n'était qu'une fiction, car l'herbe croissait partout à hauteur d'homme. Aujourd'hui, le blé et d'autres céréales remplacent l'herbe ; l'agriculture est florissante et la population contente, ce qui a été prouvé d'une façon éclatante par l'envoi spontané des impôts de l'intérieur, sans qu'il y eut besoin d'user de la force pour les faire rentrer dans les caisses de l'Etat.

J'ai déjà fait allusion au principe de l'assiette des impôts qu'il fallait adopter pour les Arabes, afin que les espèces qui viennent dans le pays ne soient pas retirées de la circulation. Le fellah et le paysan tunisien voudraient niveler tout le monde sur leur état misérable d'existence, au lieu de chercher à s'élever. Le but qui doit être atteint, tant par le gouvernement égyptien que le gouvernement tunisien est, pour le moment du moins, de permettre aux paysans de retenir ce qui suffit à leur nécessaire et encore un petit surplus qui les encourageât à travailler, et au moyen duquel ils pourraient améliorer leur manière de vivre. A Tunis on parvient à ce but d'une façon plus commode qu'en Egypte. Dans ce dernier pays, comme je vous l'ai dit, on permet aux fellahs de convertir leurs produits en argent, et alors le superflu en est perçu avec beaucoup de peine et de frais. En Tunisie, on évite la taxation directe, le paysan ne payant que la dîme qui est fixe et facilement réalisable ; mais de lourds droits d'exportation sont imposés sur tout produit agricole, et de cette façon, l'agriculteur paye au gouvernement une grande partie de ses gains sans s'en apercevoir peut-être.

D'après les chiffres qui m'ont été fournis au bureau du Conseil d'Administration des Revenus concédés, les droits d'exportation sont comme suit : Blé, 11 ½ % ; orge, 13 % ; fèves et autres pulpes, 18 ½ % ; huiles, 16 ½ % ; laines, 9 % ; peaux sèches, 4 ½ % ; peaux de mouton, 9 % ; dattes, 20 ½ % ; peaux de chèvre, 17 % ; éponges lavées, 4 % ; éponges brutes, 18 % ; manufactures de laine, 5 % ; calottes rouges, 3 %.

Ces droits, bien que très-lourds actuellement, étaient encore plus lourds avant l'institution de la Commission Financière qui, pour faciliter le commerce et l'industrie du pays, et pour encourager l'agriculture, a successivement réduit les droits de sortie sur les tissus indigènes de laine, de 10 à 5 %, sur les dattes, de 50 à 20 % ; et le droit d'exportation sur l'huile n'est aujourd'hui que la moitié de ce qu'il était dans le temps.

Malgré le taux élevé des droits d'exportation, le surplus de la valeur des exportations sur celle des importations est minime pour l'année 1874, le mouvement de la Régence de Tunis étant :

| | |
|---|---|
| Exportations. . . . . . . . . | 28,583,175 frs. |
| Importations. . . . . . . . . | 25,366,825 „ |
| Excédant d'exportations sur importations . . . . . . . | 3,216,350 frs. |

Il est bien entendu que le principe de taxation dont je viens de parler ne peut pas durer toujours ; mais il paraît qu'il est convenable pour le moment. Dans tous les cas, je dois dire que la condition matérielle du paysan tunisien peut être comparée favorablement à celle des laboureurs de pays plus importants.

## CHAPITRE XVIII.

### LES RUINES DE CARTHAGE.

Le touriste, d'ordinaire, va de Tunis à Carthage en voiture, mais on peut très bien s'y rendre en chemin de fer. Le train s'arrête à une toute petite plateforme d'où l'on voit d'un côté des plaines d'oliviers, et quelques débris de l'ancien acqueduc ; et de l'autre côté des collines en pente douce entrecoupées de routes champêtres bordées de figuiers de Barbarie. En montant sur une de ces routes on passe par un village arabe bâti sur quelques ruines de Carthage, et dans cinq minutes on arrive au sommet de la colline et l'on voit sur une hauteur voisine une coupole surmontée d'une croix qu'on reconnait comme étant la chapelle bâtie en mémoire de Louis IX que l'on appelle la chapelle de Saint-Louis.

Cette élévation est l'emplacement de l'ancienne Byrsa. On voit en bas les débris amassés de grosses pièces de briqueterie qui s'étendent sur la plage et entre lesquels croissent des herbes.

Un esprit poétique et artistique trouverait là de quoi alimenter ses rêveries en contemplant ces restes d'une ancienne splendeur, ces masses immenses de constructions antiques et couleur de terre de sienne, étendus sur l'herbe qui se dessinent sur le fond d'une mer vert-pomme, bordée à l'horizon par des montagnes bleues. Les seuls signes de vie humaine sont peut-être un charretier tunisien ou deux ou trois tentes bédouines adossées aux collines. Je suis resté six heures à Carthage sans voir six personnes. On regarde partout, mais en vain, pour rencontrer les fameuses citernes. Si le touriste n'est pas bien renseigné ou accompagné d'un guide, il pourrait très bien ne pas les trouver, ce qui en effet est arrivé à un anglais qui, étant arrivé à la Goulette pendant le mauvais temps que j'ai décrit plus haut, voulait voir Carthage le même jour et repartir de suite. Il en a vu effectivement les débris sur la plage mais lorsqu'on le questionna sur les citernes qui constituent le coté le plus intéressant de ces ruines, il parut fort surpris et il avoua qu'il ne les avait pas vues du tout.

Un officier du génie a dit il y a vingt ans, si je me rappelle, après une visite à Carthage que la chapelle de Saint-Louis était construite comme une forteresse, et cela dans l'intention qu'elle pût au besoin servir comme pied à terre à l'armée française. Il me paraît que cette idée est tirée par les cheveux, mais dans tous les cas, elle n'a qu'une valeur historique aujourd'hui, à cause du changement dans la politique et dans la tactique militaire.

Descendant la colline vers les bords de la mer, on arrive en quelques minutes aux citernes dont j'ai parlé, et on est très content d'y pénétrer pour s'abriter contre les rayons d'un soleil africain. Ces citernes sont construites fort solidement en briques, et couvrent une superficie d'à-peu-près cent quarante mètres sur trente mètres. Dans le milieu des citernes et s'étendant sur toute leur longueur se trouve une espèce de tunnel et les citernes sont ran-

5

gées de chaque côté un corridor court à travers les extrémités des citernes et là on peut se promener et inspecter cette construction. La lumière entre dans les citernes par des trous qu'on a pratiqués aux cintres par-ci par-là et l'effet de ces rayons reflétés par l'eau au fond des citernes est assez pittoresque. Lorsqu'on arrive au bout d'un corridor, on voit qu'il n'y a pas moyen de sortir si ce n'est pas l'entrée par laquelle on y a pénétré. On commence à réfléchir que s'il se trouvait par hazard quelque mauvais sujet aux alentours qui aurait vu entrer le touriste solitaire, on pourrait se trouver dans une situation fort embarrassante. Mais on m'a assuré que cette crainte est tout-à-fait mal fondée. La seule personne qui m'ait accosté près des citernes était un maltais qui voulait me vendre des productions de Birmingham comme étant de véritables pièces de monnaie qu'il avait trouvées dans les ruines. Chaque citerne a une largeur de six mètres et demi et une profondeur de neuf mètres, mais la profondeur de l'eau n'excède pas cinq mètres. En descendant des citernes sur la plage on voit de grandes colonnes submergées à moitié. L'immensité des masses de briqueterie est beaucoup exagérée par les racontars des visiteurs. Il est évident que les constructions qui se trouvent là sont les restants d'un quai et nécessairement la construction en était solide.

Mais quelqu'un qui a vu la destruction de l'exposition de Londres de 1862 où on a dû démolir les maçonneries en briques au moyen de la poudre ; et toute personne qui a vu la construction du chemin de fer souterrain à Londres ne trouverait rien de surprenant dans le fait que les ruines de ces constructions carthaginoises qui devaient résister aux injures de la mer, présentent des masses d'une épais seur de 4 ou 5 mètres. Il est étonnant de voir ces blocs gigantesques de granit au centre des pyramides de Giseh et surtout encore dans les corridors souterrains des tombeaux des taureaux sacrés à Sakara, près du Caire, parce qu'on ne peut guère s'expliquer comment on s'y est pris pour transporter ces masses et les placer dans les positions où elles se trouvent ; mais la plus grande masse de briqueterie qu'on pourrait imaginer ne souleverait aucune idée de difficultés pratiques à surmonter. Ce qui doit frapper l'esprit du spectateur à Carthage c'est que les œuvres dont il contemple les ruines ont été essentiellement utiles... Les Pharaons nous ont laissé des monuments gigantesque de leur caprices extravagants et inutiles : les Empereurs romains ont laissé partout les traces impérissables de leur esprit pratique et progressif.

## DÉCRET DU BEY DE TUNIS

### INSTITUANT LA COMMISSION INTERNATIONALE FINANCIÈRE.

[Extrait du journal *l'Italie* du 16 juillet 1869.]

Louange à Dieu! Que le salut et les bénédictions de Dieu soient sur notre seigneur et maître Mahomet, sur sa famille et ses descendants!

De la part du serviteur de Dieu (qu'il soit glorifié!) dans lequel il se confie, et auquel il remet l'exécution de tout acte.

Le mouchir Mohamed Essadac Bacha Bey, possesseur du royaume de Tunis, que Dieu dirige ses actions!

A tous ceux qui les présentes verront.

Nous avons vu la nécessité pour le bien de notre royaume, de nos sujets et du commerce, d'organiser une commission financière en conformité du projet de décret promulgué le 4 avril de l'année dernière qui a été ratifié par notre décret du 29 mai suivant, de la première qui suit :

Art. 1. La commission relativement à laquelle a été promulgué notre décret du 4 avril 1868, sera réunie dans notre capitale dans le terme d'un mois.

Art. 2. Cette commission sera divisée en deux comités distincts ; un comité exécutif et un comité de contrôle.

Art. 3. Le comité exécutif sera composé de la manière suivante : deux fonctionnaires de notre gouvernement nommés par nous-même, et un inspecteur des finances français nommé aussi par nous-même, et préalablement désigné par le gouvernement de l'empereur.

Art. 4. Le comité exécutif est chargé de constater l'état actuel des diverses créances constituant la dette du royaume, et les ressources à l'aide desquelles le gouvernement serait en mesure d'y satisfaire.

Art. 5. Le comité executif ouvrira un registre sur lequel seront inscrites toutes les dettes contractées, tant à l'étranger qu'à l'intérieur du royaume, et qui consistent en *teskérés* ou bons du trésor, ainsi qu'en obligations de l'emprunt de 1863 et de celui de 1865. Pour les dettes qui ne seront pas contrôlées par des contrats publics, les porteurs de titres devront se présenter dans un délai de 2 mois. A cet effet, le comité exécutif veillera à ce qu'un avis soit publié dans les journaux de Tunis et de l'étranger.

Art. 6. Le comité exécutif témoignera le désir de prendre connaissance de tous les documents authentiques des recettes et des dépenses, le ministère des finances lui en fournira tous les moyens.

Art. 7. Le budget de recettes étant ainsi placé en regard de celui des dépenses du gouvernement, augmenté du chiffre de la dette, le comité exécutif recherchera les moyens d'établir une répartition équitable des revenus publics, en tenant compte, dans une juste proportion, de tous les intérêts, et il dressera un tableau des revenus qui pourraient être ajoutés à l'ensemble des garanties déjà attribuées aux créanciers.

Art. 8. Le comité exécutif prendra tous les arrangements relatifs à la dette générale et nous lui donnerons tout l'appui nécessaire, pour assurer l'exécution des mesures prises à cet effet.

Art. 9. Le comité exécutif percevra tous les revenus de l'Etat sans exception et on ne pourra émettre aucun bon du trésor ou valeur quelconque sans l'assentiment dudit comité dûment autorisé par le comité de contrôle ; et si le gouvernement était obligé, ce que Dieu ne veuille, à contracter un emprunt, il ne pourra le faire sans l'approbation préalable des deux comités.

Tous les *teskérés* qui seraient émis pour la somme affectée par la commission aux dépenses du gouvernement, seront écrits au nom de la commission et porteront le *visa* du comité exécutif. Ces *teskérés* ne devront pas excéder le chiffre fixé au budget des dépenses.

Art. 10. Le comité du contrôle sera composé de la manière suivante : Deux membres français représentant les emprunts de 1863 et 1865 ; deux membres anglais et deux membres italiens représentant les porteurs des titres de la dette intérieure.

Chacun de ces délégués recevra directement son mandat des porteurs des titres des emprunts et conversions de notre royaume, dûment prévenus à cet effet par nos soins sous la surveillance du comité exécutif.

Art. 11. Le comité de contrôle connaîtra toutes les opérations du comité exécutif. Il sera chargé de les vérifier et de les approuver s'il y a lieu. Son approbation sera nécessaire pour donner un caractère exécutoire aux mesures d'intérêt général arrêtées par le comité exécutif.

Art. 12. Notre premier ministre est chargé de l'exécution du contenu des onze articles qui précèdent. Nous nommerons les deux membres et nous demanderons l'inspecteur des finances français dans le plus bref délai possible.

Les douze articles ci-dessus ont été écrits au Palais de la Goulette le 26 de Rabiâ El-Avel 1286 (5 juillet 1869.)

# TABLE DES MATIÈRES.



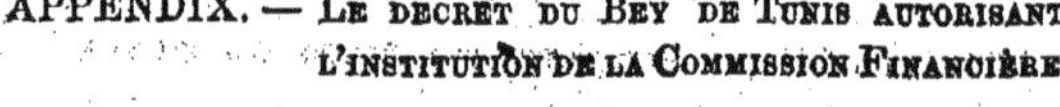

www.ingramcontent.com/pod-product-compliance
Ingram Content Group UK Ltd.
Pitfield, Milton Keynes, MK11 3LW, UK
UKHW012243240726
13966UKWH00004B/1264

9 782012 924437